# 网络平台众创：万众创新的“互联网+”路径

李　雷◎著

国家自然科学基金项目（批准号：71562008、71732008、65201501、71562009）、中国博士后科学基金资助项目（批准号：2017M620253）、浙江省博士后科研项目（批准号：183659）、广西高校人文社会科学重点研究基地基金资助项目（批准号：17ZD003）资助
桂林理工大学现代企业管理研究院系列研究成果

電子工業出版社
Publishing House of Electronics Industry
北京・BEIJING

## 内容简介

网络平台众创是“互联网+大众创业、万众创新”背景下涌现的一种新型创新范式，它重塑了创新思维，引领了创新方向。平台企业是网络平台众创的组织者，本书绘制了平台生态系统生命周期曲线，构建了平台企业的运营策略。内容提供商是网络平台众创的重要实施者，本书依据服务主导逻辑对中国移动应用商场进行案例研究，勾勒出平台机制、内容提供商知识获取与内容提供商新服务开发绩效的逻辑脉络，结合相关文献的观点，搭建实证模型，并加以验证。此外，本书还基于任务技术匹配理论，从人机交互的角度对内容提供商参与网络平台众创进行拓展性研究。

本书适合高校教师、研究生、企业中高层管理人员、创新管理领域的学者阅读和参考。



图书在版编目（CIP）数据

网络平台众创：万众创新的“互联网+”路径 / 李雷著. 一北京：电子工业出版社，2018.7
ISBN 978-7-121-34207-3

Ⅰ. ①网… Ⅱ. ①李… Ⅲ. ①互联网络—应用—创业—研究 Ⅳ. ①F241.4-39

中国版本图书馆 CIP 数据核字（2018）第 102992 号

责任编辑：徐蕾薇　　特约编辑：劳嫦娟
印　　刷：天津嘉恒印务有限公司
装　　订：天津嘉恒印务有限公司
出版发行：电子工业出版社
北京市海淀区万寿路 173 信箱　邮编 100036
开　　本：720×1000　1/16　印张：13　字数：240 千字
版　　次：2018 年 7 月第 1 版
印　　次：2018 年 7 月第 1 次印刷
定　　价：69.00 元

凡所购买电子工业出版社图书有缺损问题，请向购买书店调换。若书店售缺，请与本社发行部联系，联系及邮购电话：（010）88254888，88258888。

质量投诉请发邮件至 zlts@phei.com.cn，盗版侵权举报请发邮件至 dbqq@phei.com.cn。

本书咨询联系方式：（010）88254694。

# 前言

我国社会步入新常态后，大众创业、万众创新成为推动经济发展的重要引擎。当今华夏大地，大众创业、万众创新方兴未艾，正加快从城市向农村、从东部向中西部、从精英向“草根”的蔓延，其范围和领域之广、参与主体之多、发展速度之快，大大超出人们的预期，正在转化为一场影响深远的变革。创新正在成为引领发展的第一动力，大众创业、万众创新使创新发展理念和创新驱动发展战略化作大众之举，成为富民之道、公平之计、强国之策。

互联网是大众创业、万众创新的新工具，为了推动两者深度融合、协同增效，国务院于 2015 年 9 月 23 日发布了《关于加快构建大众创业万众创新支撑平台的指导意见》，该文件将网络平台众创作为推动“互联网+大众创业、万众创新”的重要手段，并鼓励大型互联网企业、行业领军企业通过网络平台，加强创新资源共享，促进创新成果转化。2016 年 3 月 5 日，李克强总理在《2016 年国务院政府工作报告》中再次强调：“要发挥大众创业、万众创新和‘互联网+’集众智汇众力的乘数效应，打造众创平台，构建多方协同的创新机制”。《2016 年国务院政府工作报告》和《国务院关于加快构建大众创业万众创新支撑平台的指导意见》实质上为我国致力于开展网络平台众创的企业提供了引领，具体地讲，是在引领这些企业认真思考“如何打造平台机制进而推进平台参与者资源共享及其创新成果转化”这一重要问题，由此推动网络平台众创健康、有序地开展。

立足上述社会背景，我国各界人士对于网络平台众创产生了极高的关注度，相关的探讨多见于政府文件、报纸、杂志、新闻等，在十分有限的几项学术研究中，学者们对于网络平台众创的内涵、边界的理解尚未达成一致。以“制度安排→资源共享→价值共创”为逻辑脉络的服务主导逻辑，为我们界定网络平台众创提供了良好的理论视角。根据这一理论，我们将现有文献对于网络平台众创的解释归纳、完善为：各行动者在平台企业搭建的网络平台中，依托平台机制，形成松散的耦合，从而共享资源，共创价值，在达成各自目标的基础上，推动整个平台生态圈同生共赢和可持续发展的自组织过程。目前，腾讯开放平台、百度开放平台、中国移动开放平台是我国开展网络平台众创的重要场所。在我国，关于网络平台众创的研究刚刚起步，我国学者对《2016 年国务院政府工作报告》和《国务院关于加快构建大众创业万众创新支撑平台的指导意见》映射出的“如何打造平台机制进而推进平台参与者资源共享及其创新成果转化”这一重要问题关注不足。

国外学者对于众创的研究始于民主化创新的兴起，已经存在一些与网络平台众创相关的研究，但是从这些研究的具体内容来看，它们中的绝大部分都是在探讨开源软件的研发技术、界面设计、流程管理等问题，这些研究隶属于软件开发领域或管理信息系统领域。扎根于创新管理领域，探讨平台机制对平台参与者资源共享与创新成果转化作用机理的研究并不多见。

综上所述，“如何打造平台机制进而推进平台参与者资源共享及其创新成果转化”这一重要问题在学术界中未得到解决，网络平台众创的“黑箱”尚未打开。

为解决上述问题，本书重点围绕以下几个方面展开：第一，平台企业是网络平台众创的重要组织者，本书探讨了平台生态系统的生命周期，并绘制了生命周期曲线，在此基础上，构建了网络环境下平台企业的运营策略；第二，内容提供商是网络平台众创的重要实施者，其新服务开发绩效直接关乎网络平台众创的实施效果乃至成败，本书针对中国移动应用商场进行探索性案例研究，勾勒出“平台机制→内容提供商知识获取→内容提供商新服务开发绩效”这一逻辑脉络，随后，通过一系列实证研究，对这一逻辑脉络进行深化和验证；第三，本书还基于管理信息系统领域中的任务技术匹配理论，从人机交互的视角对网络平台众创进行了探讨，由此拓宽研究视野。

笔者认为本书的研究可以做出如下几点贡献：第一，本书立足“互联网+大众创业、万众创新”这一背景展开，丰富了创新管理领域的研究情境；第二，本书系统阐明了网络环境下平台企业的运营策略，在某种程度上弥补了相关研究极其匮乏的缺憾；第三，本书以内容提供商为观测单元，以服务主导逻辑为核心理论依据，开展了一系列实证研究，揭示了平台机制对内容提供商新服务开发绩效的作用机理及其边界条件，立足内容提供商的视角搭建了网络平台众创的理论框架。

笔者首先感谢国家自然科学基金项目（批准号：71562008、71732008、65201501、71562009）、中国博士后科学基金资助项目（批准号：2017M620253）、浙江省博士后科研项目（批准号：183659）、广西高校人文社会科学重点研究基地基金资助项目（批准号：17ZD003）对本书提供的资助，本书是桂林理工大学现代企业管理研究院系列研究成果之一。自笔者进入服务创新研究领域以来，中欧国际工商学院赵先德教授、华南理工大学工商管理学院简兆权教授一直给予笔者以帮助和教诲，在此表示感谢。笔者所指导的桂林理工大学商学院硕士研究生黄卿云参与了本书的资料收集工作，在此一并谢过。

网络平台众创属于新生事物，与之相关的研究刚刚起步，本书仅是抛砖引玉，期望本书的出版能够激发更多学者关注和思考网络平台众创。

李 雷

2018 年 3 月于桂林

# 目录

# 第1章

# 绪 论

## 1.1 互联网+大众创业、万众创新

### 1.1.1 政策背景

2014年9月10日，李克强总理在夏季达沃斯论坛上向全世界宣告：中国将借改革创新的“东风”，在960万平方公里的土地上掀起一个“大众创业”“草根创业”的新浪潮，形成“万众创新”“人人创新”的新势态（李克强，2014a）。

2014年11月20日，李克强总理在与出席首届世界互联网大会的中外代表进行座谈时指出：互联网是大众创业、万众创新（以下简称“双创”）的新工具，只要“一机在手”“人在线上”，实现“电脑+人脑”的融合，就可以通过“创客”“众筹”“众包”等方式获取大量知识信息，对接众多创业投资，引爆无限创意创造（李克强，2014b）。这是李克强总理首次阐释互联网对于双创的重要意义，事实上，也为我们指明了双创的重要载体——互联网。

为了充分贯彻、落实李克强总理的重要指示，国务院于 2015 年 7 月 4 日发布了《国务院关于积极推进“互联网+”行动的指导意见》，该文件明确地提出了“互联网+”这一概念，并开宗明义地指出“‘互联网+’是把互联网的创新成果与经济社会各领域深度融合，推动技术进步、效率提升和组织变革，提升实体经济创新力和生产力，形成更广泛的以互联网为基础设施和创新要素的经济社会发展新形态”。在此基础上，该文件将“互联网+创业创新”作为未来十大重点行动之一，并进一步强调：我们要充分发挥互联网的创新驱动作用，以促进创业创新为重点，推动各类要素资源聚集、开放和共享，大力发展众创空间、开放式创新等，引动和推动全社会形成“双创”的浓厚氛围，打造经济发展新引擎（国务院，2015a）。至此，“互联网+双创”已经上升至国家战略层面，成为国家创新驱动发展的导向。

### 1.1.2 现实背景

自国家倡导大众创新、万众创业以来，神州大地掀起一股“双创”热潮。各省、直辖市、自治区积极响应国家号召，开展了丰富多彩的关于“互联网+创新创业”的活动。

2015 年，首届中国“互联网+”大学生创新创业大赛正式拉开帷幕。大赛不仅激发了大学生的创造力，培养了“大众创业、万众创新”的生力军，而且推动了高校毕业生更高质量创业就业。除此之外，“挑战杯”全国大学生系列科技学术竞赛、创青春全国大学生创业大赛等创新创业竞赛也在教育部、团中央等部委的推动下顺利举办，并取得了显著成果。

2015 年 10 月 19 日，我国首届“全国大众创业万众创新活动周”在北京、上海、成都、合肥等 8 个城市同步启动，北京中关村国家自主创新示范区展示中心作为主会场，展示了来自全国各地的创业、创新者们的成果。除了展示外，活动周组委会还在北京主会场举行了多场论坛、比赛等活动。各分会场城市在“活动周”期间，也开展了创业培训、项目对接、投资洽谈、创投大赛等相关活动，总数近 200 项。

2016 年 8 月 30 日，由中国国际电子商务中心主办，义乌市人社局、浙江万营科技有限公司承办的“2016 中国互联网+新媒体创新创业大赛”正式在北京启动。大赛旨在塑造能够让大众努力向前、提升自我、散发正能量的“网红”，抵制过于迎合炒作、低俗畸形的负能量“网红”，让“网红”吸纳更多健康养分，成为顺应并推动互联网时代的积极力量。

2016 年 10 月 13 日至 15 日，在第二届中国“互联网+”大学生创新创业大赛全国总决赛如火如荼进行之时，“武汉创谷 · 互联网+青桐汇”“互联网+”产学合作协同育人报告会、深化高校创新创业教育改革经验交流会和全国高校创新创业教育成果展也同期举行。

2016 年 10 月 18 日，广东省惠州市双创活动周“互联网+软件”校园创客活动——银弹谷 V 平台走进惠州经济职业技术学院，让有梦想的学生了解“互联网+软件”创新创业的发展状况，同时对 V 平台开发工具、方法、策略进行讲解剖析，激发同学们创新创业的兴趣与信心。

2017 年，首届中国产业互联网双创大赛，以传统产业+互联网为方向，在北京、南京、深圳举办了三场城市选拔赛。大赛紧贴双创转型升级的趋势，旨在发现中国产业互联网领域的新锐力量。

2017 年 5 月 28 日至 6 月 1 日，“互联网+双创资源展”在北京国家会议中心举行。来自国内外互联网领域的创新创业企业、服务平台、孵化器、投融资机构和专家、媒体共聚一堂，以“探究双创本质、发挥双创潜能、打造双创生态、展示双创风采”为主题，探讨“互联网+双创”领域的前沿话题，加深各界对“互联网+”的共识，共同促进创新创业进一步发展。

2017 年 7 月，中国（小谷围）“互联网+交通运输”创新创业大赛在北京正式启动。在交通运输部的推动下，大赛更加突出国际化和未来交通的元素，鼓励创新创业团队以“互联网+”为抓手，以大数据为基础，结合云计算、物联网、人工智能、VR/AR、新能源等新兴技术，在各种智慧交通建设研究领域（包括基础设施、生产组织、运输服务和决策监管等），全方位地组织参赛项目，注重前瞻性和引领性。

2017 年 8 月 24 日至 25 日，中国创新创业大赛湖北赛区互联网和移动互联网行业赛在湖北科教大厦顺利举行。52 个互联网项目分为初创组和成长组，参加为期 2

天的比赛。专业供应生鲜的电商项目、扎根湖北地市的互联网+农业项目、专注 AR 教学应用的互联网+教育等项目一一亮相。

2017 年 9 月 20 日，海南互联网+众创中心联合海创公社开展主题为“文化海南 创意引领”的系列文化双创活动。活动由海南特色文创市集、文创高端分享会、文创圆桌对话、文创项目发布、文创项目合作签约四部分组成。其中，在海南特色文创市集上，精美的椰壳制品、童心未泯的玩偶、海南元素的 T 恤饰品等一一亮相。DUFFY&KOALA 黛袋工作室创意设计师许黛菲将废弃红酒木塞设计成胸针，新颖别致。噢吖黎陶将创新设计与传统黎陶相结合，在传承黎族文化的同时，也借助互联网销售产品、扩大影响力。

2017 年 12 月 23 日，由中国互联网协会、深圳市委宣传部主办，深圳市互联网技术应用协会承办，58、土巴兔、万科云创、全能广告、深圳同创汇共同协办的 2017 年中国（深圳）互联网双创文化节在深圳南山区茶光路波顿科技园万科云创 B 座拉开帷幕。

2017 年，广东“互联网+旅游”创新创业大赛自 10 月 24 日启动，历时 50 天，发动广东省旅游系统、近百所高校、国内各大创投机构、孵化器共 402 个项目参与，其中创意组 277 个，创业组 76 个，创新组 49 个。最终，夏厨-旅游共享厨房、趣聚会别墅、趣旅分别获得创意组、创业组、创新组一等奖。

另外，中国电信吉林公司也为“双创”提供了优良的土壤，大幅降低了创业创新成本，开创了“大众创造、释放众智”的新局面。其针对有线宽带接入速率在 8Mbps 以下的与“互联网+”相关的中小企业用户，全部免费提速至 8Mbps；对 8Mbps 以上老用户，通过多种方式开展融合提速，其中光纤用户最高可提速至 100Mbps。与此同时，中国电信吉林公司还对宽带费用和手机流量使用价格进行了大幅下调，针对中小企业使用中国电信大流量行业应用的创业者，还将给予更多的政策优惠。此外，中国电信与团中央联合在各大高校成立了在校生创业机构中国电信飞 Young 学子公司；中国电信吉林公司将为大学生提供场地、物资支持和创业指导，帮助大学生积累“双创”经验。

“互联网+”不仅意味着新一代信息技术发展演进的新形态，也意味着面向知识社会创新 2.0 逐步形成演进、经济社会转型发展的新机遇，推动开放创新、大众创业、万众创新，推动中国经济走上创新驱动发展的“新常态”。而全国各地“互联网+创新创业”活动异彩纷呈，既促进了“互联网+”新业态的形成，同时也推动了服务经济的提质增效与升级。

## 1.2 网络平台众创

### 1.2.1 政策背景

为了推动“互联网+双创”健康、有序地开展，国务院于 2015 年 9 月 26 日发布了《国务院关于加快构建大众创业万众创新支撑平台的指导意见》，该文件提出了通过平台推动万众创新的三种范式，包括：①企业内部众创：通过企业内部资源平台推动万众创新。②专业空间众创：通过科技园、孵化器、创业基地、创业园等专业空间推动万众创新。③网络平台众创（Crowd Innovation Based on Network Platform）：通过大型互联网企业、行业领军企业搭建的开放式网络平台推动万众创新。其中，网络平台众创是网络环境下新兴的创新模式，最能凸显“互联网+双创”的特征，因此，受到了社会各界的广泛关注（国务院，2015b）。

### 1.2.2 现实背景

#### 1. 我国三大运营商开展的实践活动

1）中国移动开展的实践活动

中国移动应用商场（Mobile Market，MM）是由中国移动投资建设，通过与国内外数百名知名尖端手机软件提供商合作，聚集并辅导手机终端软件开发商及个人独立开发者发掘终端软件市场需求，进行快速开发并完成安全签名认证，最终发布产品并实现盈利的手机应用软件下载平台。

中国移动应用商场聚合了各类手机应用开发者及其优秀应用，可以满足所有类型的手机用户实时体验、下载和订购需求，通过手机客户端、wap 和 www 网站为用户提供软件、游戏、主题、视频、音乐、图书等一站式服务。移动 MM 隶属于中国移动南方基地（以下简称“南方基地”），包括 MM 产品室和 MM 运营室两个部门，于 2009 年 8 月正式上线。MM 是全球首个以服务运营商为主导的开放式网络平台，该平台具有多个接入端口，其中开发者接入端（http://dev.10086.cn/）和消费者接入端口（http://mm.10086.cn/）最为重要，前者为各类开发者提供技术支持、业务引导和商业服务，后者通过统一的销售渠道，为用户提供手机应用、数字商品等服务产品，满足用户在娱乐、生活、商务等方面的需求，并通过计费通道实现各合作伙伴的互利共赢。在移动 MM 产业链上，开发者将开发的产品上传到移动 MM 平台上，用户通过这个平台寻找并下载所需的产品或服务。而终端厂商和运营商的合作主要涉及两个方面：一是终端厂商可以在移动 MM 上开设专区，用于销售其提供的各种产品及各种应用程序；二是为移动运营商提供各种移动 MM 平台适用的终端。中国移动在这个价值链中扮演通道运营商、应用平台整合运营商两个角色。通道运营对应的是传统的通道型产品，应用平台整合运营对应的是把平台上所有的价值链环节整合起来。从规模上看，MM 已成为全球规模最大的开放式中文网络平台和国内移动互联行业的领跑者。

开发者社区作为中国移动应用商场的产品生产基地（见图 1-1），开发者们可以在上面发布自己的作品，满足商用条件后即可上线销售，为开发者带来了高额的回报。为了降低开发者的技术门槛，提供一个更为便捷的开发环境，中国移动为开发者提供了“MM 云”服务。“MM 云”服务是聚合中国移动和第三方能力资源，为经过授权的开发者，提供移动互联网应用开发、测试、发布、托管、交易、运行的一站式云端服务平台，包括能力池、操作系统池和终端池。其中，能力池为开发者提供了丰富、强大的组件，开发者可以直接“组装调用”这些组件“毛坯”；操作系统池向开发者提供了跨平台的开发工具、开发组件及各种培训服务，实现一次编码，多平台编译，从而大大降低了开发者的开发门槛；终端池提供了远程真机测试服务，支持 Android、Symbian、OMS、WM 多个平台，开发者可以免费申请测试服务，大大降低了开发者的测试成本，累计使用开发者已经达到 30 余万次。

图 1-1　中国移动搭建的开放平台——开发者社区

2）中国联通开展的实践活动

中国联合网络通信集团有限公司（以下简称中国联通）拥有覆盖全国、通达世界的全球领先通信网络，积极推进固定网络和移动网络的宽带化，是拥有两种 4G 牌照的“双 4G”运营商，开启了 4G+发展新阶段。

联通 WO+开放平台是中国联通首次秉承开放理念，面向个人开发者、机构开发者、第三方能力提供者推出的能力开放及资源共享服务平台；是中国联通“WO+开放体系”的重要组成部分（见图 1-2）。联通 WO+开放平台汇聚了中国联通企业发展进程中最核心、最优质的电信能力，以 API 底层服务的形式为合作伙伴提供无限障碍的优质接入服务，帮助开发者在平台调用能力的过程中获取价值、提升市场竞争力，为合作伙伴服务最终用户提供丰富的基础手段和工具，是连接运营商与合作伙伴的桥梁。无论是个人开发者、还是机构开发者，WO+开放平台都以简单轻量级的 Web 编程接口形式提供给广大开发者使用，同时提供统一的开发部署环境，使开发者享受一站式、标准化、便捷化的服务；不仅鼓励开发者通过 WO+开放平台了解和使用开放能力，同时欢迎第三方能力提供者在此平台上加载特色能力，以帮助能力合作伙伴专注于自身核心技术优势，依托运营商平台以及用户资源优势为众多创新应用提供服务，并从中获得丰厚回报。在联通 WO+开放平台，各类资源将变得透明易用，创客们无须了解复杂的底层网络，无须必备专业的编程能力，只要有灵活丰富的创意，就可以任意挑选各类资源应用程序编程接口（Application Programming Interface，API），选用便捷的开发工具，每个人都可以轻松将你的应用一键部署到

WO+开放平台中，快速打造优质的移动互联网应用。

图 1-2　中国联通搭建的开放平台

2011 年 12 月 8 日，中国联通发布了 WO+开放战略，随后又在当月 20 日推出了 WO+体系的四大开放平台：“WO+全媒体开放平台”“WO+智能通信开放平台”“WO+分享传播开放平台”“WO+社交生活开放平台”。2015 年 7 月 21—23 日，联通 WO+开放平台应邀参加了在北京国际会议中心召开的第十四届中国互联网大会，并围绕“产业融合，互联共享——新技术、新机遇、新生态，共筑安全网络新空间”的主题，与参会人员共同探讨了新形势下运营商要面临的机遇与挑战。2015 年 9 月，中国联通发布了新一代网络架构 CUBE-Net 2.0 白皮书，该白皮书指出，新一代网络是一个解耦型网络，通过 SND、NFV 从服务、逻辑和部署的三个维度进行解耦，提供弹性灵活的网络服务，并凭借泛在超宽带（FTTH+4G/5G+LPWA）、弹性软网络（SDN/NFV+云服务）、云管端协同（网随云动）、能力大开放（大数据+智能管道）实现网络即服务（NaaS）的目标。

2016 年，中国联通净增 4G 用户 6040 万户，总数达到 10455 万户；4G 用户占移动出账用户的比例同比提高 22.1 个百分点，达到 39.6%，且仍有巨大增长空间；4G 用户月户均数据流量达到 1521MB。收入方面，2016 年中国联通固网业务服务收入 946.6 亿元，同比增长 3.7%，其中宽带接入收入为 438.7 亿元，与 2015 年基本持平；而云计算业务收入为 94.5 亿元，同比增长 33.7%。2017 上半年，中国联通用户流量总计 25333 亿 MB，同比增长 326%，创造收入 429 亿元，同比增长 22.9%。同时，中国联通 4G 用户人均流量也从 1.2GB/月飙升至 3.3GB/月。

3）中国电信开展的实践活动

中国电信天翼开放平台是中国电信集团公司基于“合作、创新、共赢”的理念建设，并立足于服务平台化与渠道开放化，聚合了中国电信内部各互联网产品基地、专业公司，以及外部第三方企业所提供的优质信息、内容和能力，可为广大互联网开发者提供一站式、标准化、规模化的开放能力服务（见图 1-3）。目前该平台已接入数以亿计的中国电信天翼账号用户，借助于中国电信的优质推广渠道，以及强大的运营商级“自然人”用户管理能力，天翼开放平台将帮助亿万用户体验到开发者的产品，并实现有效的用户群转化。天翼开放平台具备云计算、云服务的产品基因，为开发者提供随需应变、按需分配的计算、存储等多种云服务能力，帮助开发者适应瞬息万变的创新互联网市场环境。另外，该平台正逐步完善运营商级用户行为分析能力，以帮助开发者有效地识别并细分用户群体，并利用中国电信多元化的计收费渠道，敏捷、高效地进行商业模式探索，实现发展壮大。

图 1-3　中国电信搭建的开放平台

截至 2014 年 5 月，天翼开放平台开放 API 累计调用量突破 28 亿次，聚合认证开发伙伴突破 8000 家。2015 年上半年，天翼开放平台已经汇聚了近 70 家行业能力提供商，输出、提供了超过近 300 个 API 接口，积极统筹电信内部各业务基地及专业公司相关增值业务能力，同时也在不断吸收整合如 TestIN、AdView、DevStore、聚合数据等社会行业能力资源，对外提供了短信、通话、码号、定位、支付、游戏、云存储、数字内容、广告、商户、综合服务等多品类一站式 API 服务。2017 年，天翼开放平台积极响应“双创”号召，重点推出创业公共服务能力并发布上线。据悉，该能力构建在 60000 多名平台创业者、开发者的需求之上，服务的核心能力主要包括企业初创期的工商注册、财税法务服务，也包含法商标产权和资质办理、企业发展期的营销推广等板块，总计五大类、十几小类的服务，受到了广大创业者的热捧。

2016 年 7 月，中国电信正式发布了《中国电信 CTNet2025 网络架构白皮书》，提出以智能牵引网络转型，引入 SDN、NFV、云等新兴技术构建简洁、集约、敏捷、开放的新一代网络运营系统。一年过去，中国电信已基本建成 4G、光网、物联网三张精品网。在网络演进升级方面，中国电信成立了网络重构领导小组，在北京、上海、广州三个研究院组建了网络重构开放实验室，加快推进 SDN、NFV 等技术的试验和落地。

2016 年，中国电信移动用户数达到 2.15 亿户，净增 1710 万户，其中 4G 终端用户数达到 1.22 亿户，净增 6341 万户，4G 终端用户占移动用户比达到 57%，手机上网总流量同比上升 130%。有线宽带用户数达到 1.23 亿户，净增 1006 万户，其中光纤宽带（FTTH）用户达到 1.06 亿户，净增 3500 万户，FTTH 占有线宽带用户比达到 86%。收入方面，2016 年中国电信互联网接入业务实现较大增长，其收入为 1504.05 亿元，同比增长 18.9%，占经营收入的比重为 42.7%。截至 2016 年年底，中国电信有线宽带用户达到 1.23 亿户，净增 1006 万户。有线宽带接入收入为 767.66 亿元，同比增长 3.3%。移动互联网接入收入为 706.82 亿元，同比增长 39.4%，其中手机上网收入为 682.63 亿元，同比增长 42.9%。2017 年 8 月 23 日，中国电信发布 2017 年半年财报，主营业务收入 1658.47 亿元，同比增长 6.8%，净利润 125.37 亿元，同比增长 7.4%。上半年，中国电信 4G 用户数达到 1.52 亿户，宽带用户数达到 1.28 亿户。

## 2. 我国三大互联网巨头开展的实践活动

1）百度开展的实践活动

百度开放平台是基于百度“框计算”最先进的信息技术与服务机制，针对用户需求，为广大站长和开发者免费提供的开放式数据分享暨对接平台（见图 1-4）。以此，站长和开发者可以将结构化的数据或具体应用直接提交到百度开放后台，使其同步运行于百度大搜索之中，并以最佳展现形式与最优展现样式的搜索结果，与数亿用户的需求直接对接。

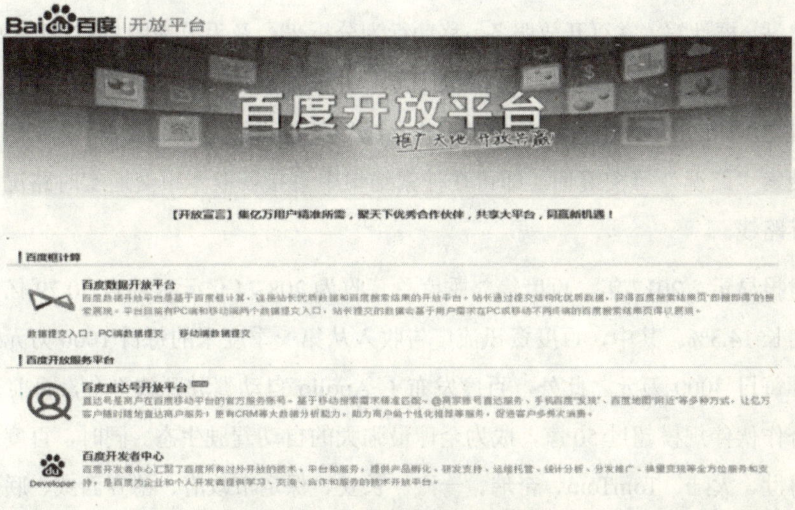


图 1-4　百度搭建的开放平台

2009 年 8 月 18 日，百度董事长兼首席执行官李彦宏在“百度技术创新大会”上提出了框计算这一全新的技术概念。用户只要在“框”中输入服务需求，系统就能明确识别这种需求，并将该需求分配给最优的内容资源或应用提供商处理，最终精准、高效地返回给用户相匹配的结果。而百度开放平台是“框计算”理念实践的重要基础设施，百度开放平台又包含“百度数据开放平台”和“百度应用开放平台”。百度数据开放平台是站长提交结构化信息数据的端口与平台。像天气预报、北京时间、列车航班、彩票开奖等公共生活信息，电视、电影、漫画、综艺、星座等娱乐休闲信息，奥运会、世界杯、全球五大足球赛事、亚运会等体育赛事信息，重大时事热点焦点信息，常用软件下载，以及教育、医疗、饮食等信息查询，都已通过百度数据开放平台成功上线，并深受广大用户和合作者好评。百度应用开放平台是应用开放者/作者或者资源运营者提交应用数据的端口与平台。目前，在线视听、在线杀毒、在线小游戏等部分应用已通过百度应用开放平台正式上线。

海量的用户需求分析，庞大的基础架构建设，复杂的数据对接流程完善，历时一年，百度开放平台终于结束了百度开放平台全面开放运营测试阶段，自 2010 年 9 月 1 日起，全面进入开放运营阶段。12 月 1 日，百度移动开放互联网平台官网正式上线，这也标志着百度的移动互联网开放平台已经全面浮出水面。而通过网站转码、移动建站、框计算、掌百开放服务、移动行为分析平台及手机地图 LBS 服务等形式，百度正在试图复制其在 PC 互联网端的优势，并抓住移动互联网入口优势。百度开放平台自 2010 年 10 月 11 日起在北京正式上线“交通流量查询”应用。北京居民只需直接搜索“路况”等关键词，即可在搜索结果中直接获取本市交通实时路况，以确定出行路线。

财报显示，2017 年，百度第二季度总营收为 208.74 亿元（约合 30.79 亿美元），同比增长 14.3%。其中，百度资讯流广告收入从第一季度末的每日 1000 万元迅速上涨到了每日 3000 万元。此外，百度发布了 Apollo 自动驾驶开放平台，目前 Apollo 生态合作伙伴规模超过 50 家，成为全球最强大的自动驾驶生态。同时，百度还与微软、博世、大陆、TomTom、奇瑞、一汽、长安、保定市政府、德赛西威、联合汽车电子、航盛电子、博泰电子等达成深度合作。

2）淘宝开展的实践活动

淘宝开放平台项目是淘宝（中国）软件有限公司面向第三方应用开发者，提供 API 接口和相关开发环境的开放平台（见图 1-5）。软件开发者可通过淘宝 API 来获取淘宝用户信息（买方和卖方用户信息，私有信息需要授权）、淘宝商品信息（全淘宝超过 1 亿个商品的名称、类目、型号、介绍等信息）、淘宝商品类目信息（全淘宝商品索引及分类明细）、淘宝店铺信息（全淘宝店铺信息）、淘宝交易明细信息（在取得用户授权的情况下，查询每笔交易的详细情况）、淘宝商品管理（淘宝商品的上传、编辑、修改等接口）等信息，并建立相应的电子商务应用。同时，作为淘宝开放平台 TOP 项目的唯一合作平台——阿里软件平台在其中也扮演着重要的角色，它将为开发者提供整套的淘宝 API 的附加服务：测试环境、技术咨询、产品上架、版本管理、收费策略、市场销售、产品评估，等等。

图 1-5　淘宝搭建的开放平台

在经济收入方面，淘宝平台 2005 年成交金额破 80 亿元，超越了沃尔玛。2007 年，淘宝的交易额达到了 433 亿元，比 2006 年增长 156%。2008 年上半年，淘宝成交额就已达到 413 亿元。2009 年全年交易额达到 2083 亿元。2009 年“双 11”，淘宝+天猫销售额达到 0.5 亿元。2010 年“双 11”，淘宝+天猫销售额达到 9.36 亿元。2011 年“双 11”，天猫销售额达到 33.6 亿元，淘宝+天猫销售额共计 52 亿元。2012 年“双 11”，截至上午 8 点 16 分，开始 8 个小时的天猫“双 11”购物节，支付宝交易额已经达到 50 亿元，接近 2011 年“双 11”全天淘宝和天猫的总交易额。“双 11”全天，淘宝+天猫平台交易金额已经达到 191 亿元。2013 年“双 11”，开场仅 1 分钟成交的订单数量达到 33.9 万笔，总成交金额达到 1.17 亿元。第二分钟，成交数字突破 3.7 亿元。到了零时 6 分 7 秒，成交额直接冲上 10 亿元。截至 11 日 24 时，“双 11”天猫及淘宝的总成交额破 300 亿元，达到 350.19 亿元。2014 年“双 11”，淘宝+天猫成交额再次刷新纪录，达到 571 亿元。2015 年“双 11”，淘宝+天猫成交额再次刷新纪录，达到 912 亿元。2016 年“双 11”，淘宝+天猫成交额再次刷新纪录，达到 1207 亿元，15 个小时天猫销售额达到 2015 年 912 亿元的销售总额，线上占比为 82%。

2017 年“双 11”，淘宝+天猫成交额再次刷新纪录，达到 1682 亿元，无线成交额占比为 90%。全球消费者通过支付宝完成的支付总笔数达 14.8 亿笔，比 2016 年增长 41%。截至 24 点，全球有 225 个国家和地区加入 2017 年天猫“双 11”全球狂欢节。由此可见淘宝开放平台的飞速发展。

3）腾讯开展的实践活动

腾讯开放平台是腾讯为广大开发者提供的一个大舞台（见图 1-6）。开发者可以利用腾讯开放平台提供的各种 API，开发出优秀、有创意的社交游戏及实用工具，通过腾讯朋友、QQ 空间、腾讯微博、腾讯游戏等多个社交平台给应用带来巨大的流量和收入。

图 1-6　腾讯搭建的开放平台

2012 年 7 月，腾讯云平台推出全新升级版 V2。2012 年 9 月 18 日起，腾讯云平台 V2 版开始对新应用全面开放，并开始对原有部署在腾讯云平台 V1 的应用分批次实施自动迁移。2015 年 10 月 22 日，在 2015 年腾讯全球合作伙伴大会上，腾讯集团首席运营官（Chief Operating Officer，COO）任宇昕表示，腾讯开放平台 5 年来，接入应用数已超过 400 万。截至 2015 年 4 月，腾讯开放平台上合作伙伴的收益分成就已超过 100 亿元，相当于诞生了 50 个亿万富翁，孵化的上市或借壳上市的公司已经超过 20 家。

腾讯云在全球范围扩大基础设施的覆盖范围，持续投入加强云技术、大数据分析及安全基础设施。腾讯云在为金融及电子商务客户提供端到端解决方案方面取得了显著发展。2017 年 11 月 15 日下午，腾讯发布了 2017 年第三季度业绩报告（截至 2017 年 9 月 30 日）。财报显示，腾讯季度收入 652.1 亿元，比 2016 年同期增长 61%。经营盈利为人民币 227.46 亿元 （34.27 亿美元），比 2016 年同期增长 57%。期内盈利为人民币 180.47 亿元（27.19 亿美元），比 2016 年同期增长 67%。净利润率由 2016 年同期的 27%增长至 28%。增值服务业务 2017 年第三季的收入同比增长 51%至人民币 421.24 亿元。网络游戏收入增长 48%至人民币 268.44 亿元。社交网络收入增长 56%至人民币 152.80 亿元，网络广告业务 2017 年第三季的收入同比增长 48%至人民币 110.42 亿元。媒体广告收入同比增长 29%至人民币 41.22 亿元。社交及其他广告收入同比增长 63%至人民币 69.20 亿元。

此外，腾讯还基于微信搭建了微信开放平台（见图 1-7），为第三方移动程序提供接口，使用户可将第三方程序的内容发布给好友或分享至朋友圈，第三方内容借助微信平台获得更广泛的传播，从而形成了一种主流的线上线下微信互动营销方式。

图 1-7　微信开放平台

财报显示，2016 年第一季度至第四季度，微信和 WeChat 的合并月活跃账户数分别为 7.62 亿、8.06 亿、8.46 亿、8.89 亿。2016 年第四季度微信和 WeChat 的合并月活跃账户数已经超过了 8.68 亿的 QQ 月活跃账户数。另外，财报显示，2017 年第三季度，来自微信的广告收入同比大涨 63%至 69.20 亿元。腾讯公司微信月活跃用户数已经达到 9.8 亿户，同比增长 16%。月活跃公众号 350 万个，而公众号月活跃关注用户数为 7.97 亿，同比分别增长 14%及 19%。微信支付与云计算两项业务实现了 143%的收入同比增长。

### 3．我国顶级硬件制造商开展的实践活动

#### 1）华为公司开展的实践活动

华为开发者联盟是华为面向移动互联生态伙伴的开放合作平台，旨在协调华为全球化平台和产业链资源，从开发测试、推广变现、品牌宣传等环节助力联盟成员提升在移动互联网领域的行业影响力，为华为终端消费者打造卓越用户体验，实现共赢（见图 1-8）。

图 1-8　华为搭建的开放平台

为了加快开发者的开发速度，节省开发者的开发成本，华为开发者联盟将把华为的平台资源向开发者进行开放。例如，华为移动服务（Huawei Mobile Services，HMS）是华为云服务开放能力的合集，开发者只需集成 HMS 的软件开发工具包（Software Development Kit，SDK）即可使用华为账号、应用内支付、消息推送、社交服务等能力。HiAI 是面向移动终端的人工智能（Artificial Intelligence，AI）计算平台，该计算库面向人工智能应用程序开发人员，让开发者便捷、高效地编写在移

动设备上运行的人工智能应用程序。华为智能路由器开放平台为第三方开发者提供了在路由器上7×24小时运行业务的机会，为第三方开发者提供了一个在家庭网络入口推广业务的平台。HuaweiVR SDK是为华为虚拟现实（Virtual Reality，VR）眼镜开发者用户提供的SDK平台，开发者使用HuaweiVR SDK，可快速搭建基于华为VR眼镜和华为手机的VR场景平台，开发应用及游戏。

此外，华为开发者联盟组织了一系列线上和线下的活动，向开发者、终端用户进行品牌宣传，希望与优秀的联盟成员一起，资源共享，合作共赢，提升联盟和联盟成员在开发者和用户中的知名度。例如，联盟定期沙龙、华为开发者联盟年度大会等。

而华为应用市场是华为终端的官方应用分发平台，也是推出并实行“开发者实名认证”的应用市场。华为应用市场推广平台同时也致力于为开发者提供公平、精准、高效的投放渠道，通过推广投放可快速提升应用对用户的曝光次数，将优质应用准确推送至目标华为用户。

截至2017年11月，华为应用市场累计下载量达1100亿，月活跃用户达1.5亿人。截至2017年12月，华为应用市场累计下载量超过1200亿次，单日最高下载量5.1亿次，聚集了35万的开发者，新增应用25.3万款，月活跃用户达到1.6亿人。2017年3月31日，华为对外发布了2016年年报，报告显示，华为运营商、企业、终端三大业务在2015年的基础上实现稳健增长，实现全球销售收入5216亿元人民币，同比增长32%，净利润371亿元人民币（约合53亿美元），同比增长0.4%。总营业额上涨32%，达到5216亿元人民币（约合751亿美元）。2016年华为研发费用达764亿元人民币。三大业务板块中，华为运营商实现销售收入2906亿元人民币，同比增长24%；在企业业务领域，华为实现销售收入407亿元人民币，同比增长47%；消费者业务全年智能手机发货量达到1.39亿台，销售收入1798亿元人民币，同比增长44%。

2）小米公司开展的实践活动

小米科技公司成立于2010年4月，是一家专注于自主研发高端智能手机的移动互联网公司，旗下有三大核心业务——小米手机、MIUI和米聊，每个核心产品的背后都有专属的网上社区。小米使用者、爱好者和小米内部员工都可以在这些网上社区自由沟通交流，这既有助于增进消费者的品牌忠诚度，又有助于改进公司产品和服务。小米公司首创了互联网模式开发手机操作系统，发烧友可以参与产品开发和改进。小米手机社区是整个小米公司的核心业务，它既是顾客自由沟通交流的平台，也是小米公司进行产品推广、提供售后服务的平台。

小米开放平台汇聚了小米所有对外开放的技术、服务，提供技术支持、统计分析、分发推广、应用接入等全方位服务和支持，是小米为企业和个人开发者提供学习、交流、合作和服务的综合性平台。小米开放平台，包括小米应用商店的官方开发者后台及其他服务，免费提供应用收录、上架服务。开发者可以在这里提交、上传和更新安卓应用与安卓游戏，同时也为开发者适配小米手机提供技术支持（见图 1-9）。

图 1-9　小米搭建的开放平台

小米应用商店上线 161 天，下载量已经突破 1 亿次。2014 年 7 月 6 日已突破 50 亿次下载。2014 年 11 月 25 日，小米联合创始人、MIUI 负责人洪锋在微博宣布，小米应用商店单日下载量超过 5000 万次，月下载量 15 亿次，总分发量已经突破 100 亿次。洪锋还透露，2014 年前 10 个月，小米已经给开发者提供分成超过了 3.64 亿元。据印度经济时报网站引述小米的报告指出，2016 年，小米印度公司的总收入为 837.9 亿印度卢比，相当于 13 亿美元；净利润则为 2.5 亿美元。2015 年，小米印度公司营收则为 104 亿印度卢比，相当于 1.6 亿美元。对比可见，2016 年，小米印度公司的销售额几乎翻了 8 倍之多。

## 1.3　本书研究的问题

国务院于 2015 年 9 月 23 日发布的《国务院关于加快构建大众创业、万众创新支撑平台的指导意见》指出：鼓励大型互联网企业、行业领军企业通过网络平台向各类创业创新主体开放技术、开发、营销、推广等资源，鼓励各类电子商务平台为小微企业和创业者提供支撑，降低创业门槛，加强创业创新资源共享与合作，促进创新成果及时转化，构建开放式创业创新体系（国务院，2015b）。

2016 年 3 月 5 日，李克强总理在《2016 年政府工作报告》中进一步强调：要发挥“双创”和“互联网+”集众智汇众力的乘数效应，打造众创平台，构建多方协同的新型创业创新机制（李克强，2016）。

《国务院关于加快构建大众创业、万众创新支撑平台的指导意见》和《2016 年政府工作报告》不但深刻地阐明了网络平台众创对于我国经济社会发展的重要意义，实质上也为我国企业深入推进网络平台众创勾勒出了“平台机制→行动者资源聚集→行动者目标达成”这一基本的逻辑脉络，也就是说，如何打造平台机制，推动各行动者资源共享及创新成果转化，是高效推进网络平台众创、充分发挥“互联网+”与万众创乘数效应的关键所在。

立足上述背景，同时考虑到平台企业（Platform Enterprise）是网络平台众创的重要组织者，其一般性的运行策略对于我们理解和实施网络平台众创具有重要的指导意义，故本书主要围绕如下五个问题展开研究：①网络环境下平台企业的一般性运营策略是什么？②平台企业构建哪些平台机制？③推动哪些行动者汇聚什么资源？④帮助这些行动者实现什么目标？⑤平台机制、行动者资源汇集与行动者目标达成之间的关系如何？

## 1.4 本书研究的内容

为解决上述研究问题，本书共分 10 章，研究框架如图 1-10 所示。

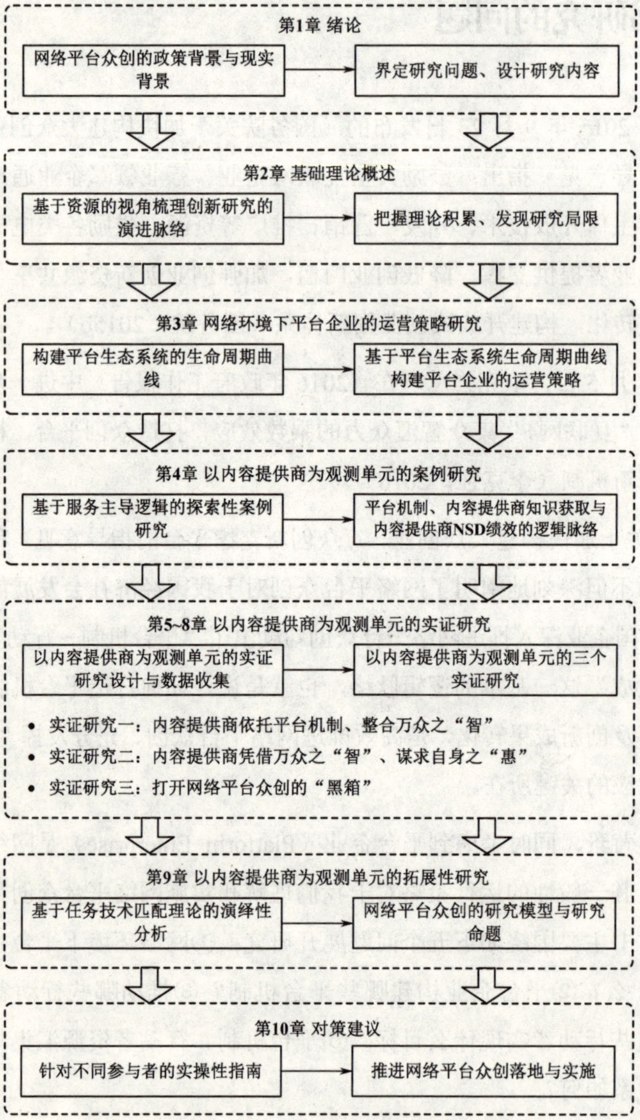


图 1-10 本书的研究框架

**1．绪论（第 1 章）**

以“互联网+双创”这一国家级战略为切入点，对推动这一战略落地、实施的重要手段——网络平台众创进行介绍，重点介绍它的政策背景和实践活动，在此基础上，明确界定研究问题，并介绍本书的内容安排。

**2．基础理论概述（第 2 章）**

基于资源的视角，以封闭式创新（Closed Innovation）（Chesbrough，2003）、用户创新（User Innovation）（Hippel，2005）、供应商创新（Supplier Innovation）（Bidault et al., 1998）、合作创新（Collaboration Innovation）（Mishra and Shah，2009）、开放式创新（Open Innovation）（Chesbrough，2003a）、网络平台众包（Crowd Sourcing Based on Network Platform）（Howe，2008）和网络平台众创（刘志迎等，2015；付群英和刘志迎，2016）为线索，对创新研究的演进脉络进行概括性的梳理，旨在明晰创新研究领域现有的理论积累以及其中存在的研究局限，进而阐明本书的理论意义。

**3．网络环境下平台企业的运营策略研究（第 3 章）**

平台企业是网络平台众创的重要组织者，其一般性的运行策略对于我们理解和实施网络平台众创具有重要的指导意义（陈威如和余卓轩，2013）。以平台企业为观测单元，构建平台生态系统的生命周期曲线，通过识别关键节点将曲线分为若干发展阶段，平台生态系统的规模、网络效应、发展模式在各阶段中体现出不同的特征，据此制定网络环境下平台企业的运营策略。

**4．以内容提供商为观测单元的案例研究（第 4 章）**

遵循服务主导逻辑（Service Dominant Logic）的基本观点（Vargo and Lusch，2016），对我国重要的网络众创平台——中国移动应用商场展开案例研究，首先，从总体上理清平台机制、平台参与者知识共享与平台参与者目标达成之间的关系，在此基础上，对网络平台众创的主要实施者——内容提供商的相关研究发现进行详细阐述，为后续章节的展开进行铺垫。

### 5. 以内容提供商为观测单元的实证研究（第 5~8 章）

以内容提供商为观测单元，对第 4 章中的研究发现进行进一步提炼，构建平台机制、内容提供商知识获取与内容提供商新服务开发（New Service Development，NSD）绩效的实证模型，开发问卷，收集数据，并进行描述性统计分析（第 5 章）。随后，分别对平台机制对内容提供商知识获取的作用机理及其边界条件（第 6 章）、内容提供商知识获取对 NSD 绩效的作用机理及其边界条件（第 7 章）、内容提供商知识获取在平台机制与 NSD 绩效之间发挥的中介效应（第 8 章）进行实证研究。

### 6. 以内容提供商为观测单元的拓展性研究（第 9 章）

网络平台是内容提供商进行 NSD 的支点，因此，平台企业设计了一系列支撑服务，通过网络平台传递给内容提供商，这些服务具有电子化的特征，体现为自助服务的形式，这就使得内容提供商成了服务传递的最终实现者，他们与网络平台的人机交互（Human-Computer Interaction），对于他们感知网络平台服务质量（Network Platform Service Quality）、提升自身 NSD 绩效具有重要影响（穆胜，2018）。立足这一背景，本章遵循管理信息系统（Management Information System，MIS）领域中任务技术匹配理论（Task Technology Fit Theory）的基本框架（Goodhue，1995；Goodhue and Thompson，1995），构建内容提供商视角下人机交互、网络平台服务质量与 NSD 绩效的理论模型，并提出相关研究命题，阐明内容提供商视角下人机交互的组成因素，揭示这些组成因素对内容提供商感知网络平台服务质量、内容提供商 NSD 绩效的作用路径，从而为学者们理解网络平台众创提供一个新思路。

### 7. 对策建议（第 10 章）

针对不同的参与者给出实操性指南，从而推进网络平台众创的落地与实施。

# 第2章

# 基础理论概述

“创新理论”的鼻祖——奥地利经济学家约瑟夫·熊彼特（Joseph Alois Schumpeter）在1911年出版的德文版《经济发展理论》中第一次提出创新的概念，他将创新定义为“生产要素的重新组合”，并将创新界定为五种形式：找到一种原料的新来源，发明一种新生产工艺流程，引进一个新产品，采用一种新的企业组织形式，开辟一个新市场。

自《经济发展理论》一书问世以来，学术界对创新研究投入了极大的热情，产生了一系列研究成果。从资源的视角来看，学者们对于创新的探讨始于封闭式创新，随后逐步注意到外部创新源（External Innovation Resources）对于创新活动的重要意义（Hippel，1988），在此过程中，用户创新、供应商创新、合作创新、开放式创新陆续引起了学者们的关注。近年来，随着网络环境的普及、平台经济的兴起以及我国政府提出的“互联网+双创”政策对于创新活动引导，网络平台众包、网络平台众创逐步进入了学者们的视野（中欧案例中心，2017）。本章将对创新研究的演进脉络进行概括性的梳理，旨在明晰现有的理论积累以及其中存在的研究局限，进而阐明本书的理论指导意义。

## 2.1 封闭式创新

### 1. 封闭式创新的内涵

20 世纪的绝大多数时间，内部研发是企业的一项战略资产，或者是许多行业禁止竞争对手进入的重要门槛，此时，企业自己提出创新任务，在一个由自己严格控制的、封闭的纵向一体化组织中开展创新活动，任何外部的创新源都与企业无关，此类创新被称为封闭式创新（Chesbrough，2003b），如图 2-1 所示。

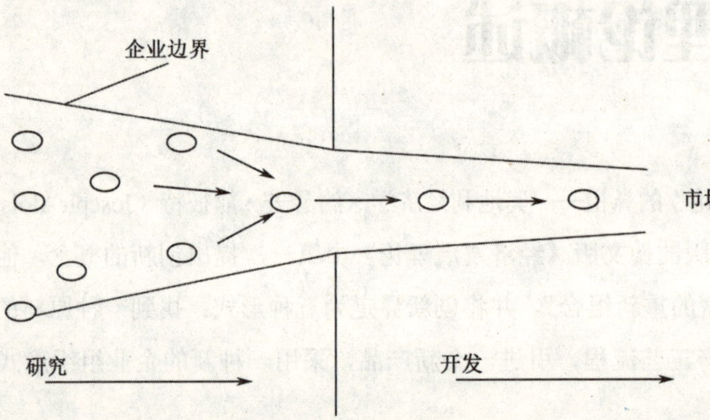


图 2-1 封闭式创新模式

封闭式创新实质上遵从这样的哲学：成功的创新需要强有力的控制，也就是说，企业必须有自己的点子，然后进一步开发、研制新产品，推向市场，自己分销，提供服务和资金及技术支持。如果一项技术不是在企业内部被创造出来，那么，企业就无法保证这项技术的质量、功能和实用性，所以产生了“非此地发明”的说法（Not Invented Here）。在外部产品十分稀缺的情况下，企业应该把握住产品的销售权，于是产生了“非此地销售”的说法（Not Sold Here）。从供应链的角度讲，封闭式创新的哲学造就了统管供应链各个环节的“航母型企业”（Lichtenthaler，2005）。

### 2. 封闭式创新模式下企业的研发活动

在封闭式创新模式下，企业通过内部研发获得基础性的技术突破，由此产生了新产品或者使老产品获得新性能，企业也从中获得了相应的销售额和利润，这就导致企业会增加研发投资，从而形成一种良性循环（见图 2-2）。

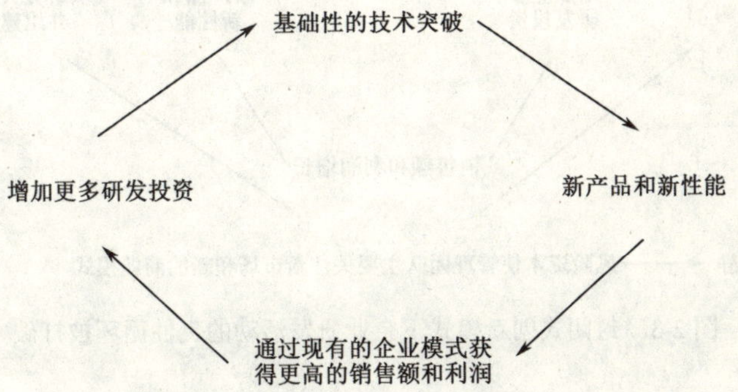


图 2-2　封闭式创新模式下企业研发活动的良性循环

基于这样一种思路，托马斯·爱迪生创建了美国通用电气公司著名的实验室，用它实现了大量重要的技术突破。德国化工业创立了中央研究实验室，那里曾经开发研制出了大量的新产品。贝尔实验室发现了许多令人吃惊的物理现象，在其许多重要的成就中，它利用自己的技术发明创造了晶体管。从总体上看，企业通过封闭式创新在 20 世纪相当长的一段时间内取得了不少辉煌的成就。

### 3. 封闭式创新的局限性

20 世纪末，随着高级人才的广泛流动、高等教育的不断普及、风险资本的发展，封闭式创新模式受到了前所未有的挑战（见图 2-3）。当基础性的技术突破发生时，实现这些突破的科学家和工程师们开始意识到先前所缺乏的外界机遇（Jones et al.，2001）。如果为研究并寻求技术突破提供资金的公司没能及时地提供对等的机遇，那么科学家和工程师们就会追求自身的突破——退出原有公司、组建新公司，而新建公司可以把这些新技术商业化。虽然大多数情况下新建公司会失败，但是一旦成功，它就会开始进行首次公募或是以很诱人的价格被收购（Jakob et al.，2002）。这些成功的新建公司通常不会在新的基础性研究领域进行再投资，而是把眼光转向企业外部，寻找另一项合适的新技术来实现商品化（Lichtenthaler and Ernst，2006）。

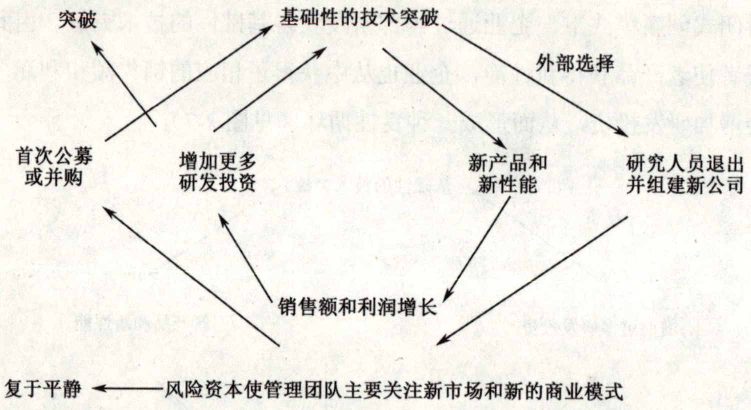


图 2-3　封闭式创新模式下企业研发活动的良性循环被打破

这种外部途径的存在打破了封闭式创新模式下企业研发活动的良性循环，先前为技术研究提供资金的公司无法从自己对研发事业的投资中获利，而事实上，正是他们的投资才导致了最终的技术突破。而那些从技术进步中获取了高额利润的公司通常不会把资金投资于下一轮的基础研究。于是，科研与产品开发这两个环节的割裂也就意味着不会再有下一轮对基础研究的投资——而这些基础研究又是推动另一轮发展的必要动力。

随着封闭式创新模式下企业研发活动的良性循环被打破，众多企业开始反思传统的封闭式哲学，它们逐步发现既然堵不住企业已有技术的外流，不妨考虑充分利用外部创新源，以实现内部创新与外部创新的平衡。

## 2.2　用户创新

### 1．用户创新的内涵

事实上，早在 20 世纪 70 年代，麻省理工学院 Hippel 教授就敏锐地意识到了用户对于企业创新的重要意义，他开创性地提出了用户创新这一概念。在 Hippel 教授看来，用户创新是指用户对其所使用的产品或工艺的创新，包括为自己的使用目的而提出的新设想和实施首创的设备、工具、材料、工艺等，以及对制造商提供的产品或工艺的改进。用户创新的动机主要是从创新中获得暂时的创新租金（Innovation-Related Rents）或者避免粘着信息（Sticky Information）的过度流动（Hipple，1988）。

### 2．领先用户

领先用户（Lead User）是用户创新的主要推动者，他们通常不愿等到新产品或新服务慢慢地来到市场，而是经常自己提前开发新产品或新服务。领先用户通常有渊博的知识，在自己的专业领域有很深的造诣；他们能容忍开发结果的不确定性，能通过技术网络获取开发新产品所需的技术知识，以在反复试错过程中不断地改进解决方案；他们有充足的资源展开研究活动，如时间、设备和资金等（Hippel，1986；Urban and Hippel，1988）。

### 3．创新工具箱

为了推动用户创新，有些公司会向用户提供一个能够辅助创新活动顺利开展的工具包，即"创新工具箱"（Toolkits for Innovations）（Hippel et al.，2011；Hippel and Euchner，2013）。Hippel（2005）指出，一个有效的创新工具箱具备五种特征：①使用户能够通过试错（Trial and Error）完成反复循环的干中学（Learning by Doing）；②能够为用户提供一个合适的问题解决空间；③界面友好，用户不需要额外的培训就能对其操作；④包含常用的标准化模块；⑤能够确保用户所设计的产品和服务不需要经过修改就可以在指定的系统中生产出来。Franke 和 Piller（2004）、Prügl 和 Schreier（2006）、Raasch 和 Hippel（2013）等学者的研究表明：创业工具箱已经被业界广泛应用，它对于用户创新绩效具有显著的促进作用，在网络环境下有巨大的发展潜质。

### 4．创新社区

为了推动用户创新，一些公司还建立了创新社区（Innovation Communities）。创新社区可以被理解为"由个体和公司组成的有目的的连接，这些个体和公司通过线上社区、面对面交流或其他沟通方式发生联系，由此相互提供支持和信息，共同实现目标，他们还可以从中获得归属感、社会认同感，并积累社会资本”（Franke and Shah，2003；Bansemir，2013；Parmentier and Mangematin，2014）。创新社区的成员可以是用户、制造商或服务提供商，至少有一些成员愿意公开信息，同时有人对这些信息感兴趣时，创新社区才能发挥作用（Hippel et al.，2011；Wu anHaak，2013）。

Fichter（2009）认为，创新社区与其他社交网络相比具有三个关键特征：①它总是与特定的创新想法或创新项目有联系；②在创新过程中所有成员都起到促进作用；③成员合作紧密而且是非正式的，类似于团队。

学者们对于创新社区能够促进创新观点产生（Wu and Fang，2010），推进问题解决（Wasko and Faraj，2005），达成价值共创（Franke et al.，2008），已经形成了一致的见解。Franke 和 Shah（2003）、Hippel 和 Krogh（2003）、Jeppesen（2005）、Hienerth（2014）等学者的研究进一步表明，创新社区对于物质产品（如滑雪装备、冲浪装备）和信息产品（如开源软件、游戏）的开发均有显著的促进作用。

## 2.3 供应商创新

### 1. 供应商创新的现实背景

供应商创新也被称为“供应商早期参与”（Early Supplier Involvement）或“供应商参与新产品开发（Supplier Involvement in New PRoduct Development），这一概念意味着在产品开发的概念形成阶段或者设计阶段就让供应商参与进去，从制造商产品开发过程的始端一直持续到新产品的商业化，主要包括产品开发和改进、工艺开发和改进以及服务创新。

供应商参与创新策略起源于 20 世纪 40 年代的日本汽车制造业。1949 年，Nippondenson 公司从丰田汽车公司分离出去而成为第一级电子组件供应商。Nippondenson 公司的电子工程师直接加入丰田汽车公司，帮助设计汽车的零部件，开发了供应商早期参与的先河。在随后的 20 年中，丰田发展了“精益生产”，其中就包括大量的供应商早期参与的做法。这些做法逐渐被其他汽车厂商，如本田等效仿。将供应商纳入制造商的创新活动中，充分利用供应商的专业知识和技术，即供应商早期参与这种模式被认为是日本公司竞争优势的主要源泉之一，因而受到西方国家的普遍关注和研究。日本企业的供应商管理经验被其他国家用来作为“标杆学习”的对象。自 20 世纪 80 年代末期以来，欧洲国家和北美的一些企业也效仿日本企业开始采用供应商参与创新这一方法（陈钰芬，2007）。

### 2．供应商创新的理论背景

最初研究供应商早期参与的是 Imai、Nonaka 和 Takeuchi 三位学者，他们着重研究供应商在日本制造商新产品开发中的作用（Imai et al.，1985）。随后，Clark（1989）对日本、美国和欧洲的制造商进行跨文化的比较研究，他指出日本供应商参与到制造商的新产品开发是西方同行业的 4 倍，深度的“供应商参与”极大地缩短了开发周期、降低了成本、提高了产品质量及工作效率。Graham（1994）在对日本和西方汽车产业进行比较研究后也得出类似的结论，他把日本汽车制造商突出的产品开发绩效归功于他们独特的供应商参与产品开发的实践。后来，在大量实证和比较研究的基础上，日本“供应商参与”创新实践成功的理论解释得到广泛认可。大量的研究得出了一个结论：日本汽车制造商在新产品开发方面比西方竞争者更胜一筹，因为在开发新产品时日本制造商相对西方同行来说更广泛地使用供应商的专业技术（Liker et al.，1996；Song and Parry，1997）。

### 3．供应商创新的动机

从供应商的视角来看，它们参与制造商所主导的创新活动是为了形成更加完善的配套体系，保证各产品之间的延续性，推动自身产品体系的拓展；从制造商的视角来看，供应商创新可以帮助它们降低研发成本，提高研发的专业程度，提升自身的核心竞争力；从整条供应链的角度来看，供应商创新有利于供应链资源的有机融合，降低制造商与供应商之间的交易成本，推动知识的共享，从而形成关系租。

## 2.4 合作创新

### 1．合作创新的内涵

合作创新是指企业间或企业、研究机构、高等院校之间的联合创新行为。合作创新通常以合作伙伴的共同利益为基础，以资源共享或优势互补为前提，有明确的合作目标、合作期限和合作规则，合作各方在技术创新的全过程或某些环节共同投入、共同参与、共享成果、共担风险。国外学者也将合作创新称为“研发合作”，主要是因为西方发达国家产业发展水平较高，产品技术含量高，企业的技术创新合作倾向于创新前期阶段，即研发阶段，以实现产品差异化（Un et al.，2010）。

### 2．合作创新的动机

从产业组织理论来看，开展合作创新是为了技术外溢内部化（D'Aspremont and Jacquemin，1988；De Bondt，1997）。从资源基础观来看，参与合作创新的各方是为了获取互补性资源，在提升各自绩效的同时，不断更新自身的核心能力。

### 3．产学研合作

大学、科研机构是重要的技术源，故产学研合作是一种重要的合作创新实施方式。它是指企业与大学或科研机构利用各自的要素占有优势，分工协作共同完成一项技术创新行为。大学和企业为了实现共同利益，以技术转移合作为纽带，在共同投入、资源共享、优势互补、风险共担的条件下，将高技术成果转化为现实生产力（仲伟俊等，2009）。

## 2.5 开放式创新

### 1．开放式创新的内涵

开放式创新是指企业在技术创新过程中，同时利用内部和外部相互补充的创新资源实现创新，企业内部技术的商业化路径可以从内部进行，也可以通过外部途径实现，在创新链的各个阶段与多种合作伙伴多角度地动态合作的一类创新模式。开放式创新把外部创意和外部市场化渠道的作用上升到和内部创意以及内部市场化渠道同样重要的地位（Chesbrough，2003）。

### 2．开放式创新的运行机理

开放式创新的运行机理如图 2-4 所示。具体地讲，在开放式创新中，企业的边界是可渗透的。创新思想主要来源于企业内部的研发部门或其他部门，但也可能来源于企业外部。企业内部的创新思想可能在研发的任何阶段通过知识的流动、人员的流动或专利权转让扩散到企业外部。有些不适于企业当前经营业务的研究项目可能会在新的市场发现其巨大价值，也可能通过外部途径使之商业化。公司不再锁住其知识财产，而是通过许可协议、短期合伙和其他安排，设法让其他公司利用这一技术，自己从中获利。

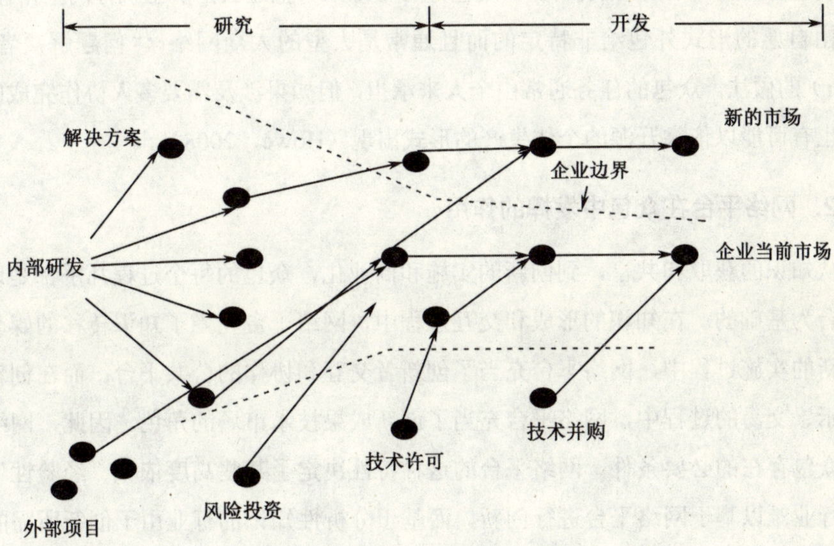


图 2-4　开放式创新的运行机理

### 3．开放式创新带来的改变

开放式创新改变了“非此地发明”的思维，企业必须充分利用外界丰富的知识技术资源，从外部寻找技术弥补内部创新资源的不足，将内部技术和外部技术整合起来，以创造新产品和新服务。在开放式创新中，外部知识作为内部知识的补充，起着和内部知识同等重要的作用。此外，开放式创新还克服了“非此处销售”的偏见，企业可以通过外部途径使内部技术商业化，致使研发的回报最大化。开放式创新要求企业在研发及项目控制的过程中，同步观察市场与技术的瞬时变化，把创新发展成为一种全局性、并行性甚至是灵机一动的有趣活动。

## 2.6 网络平台众包

### 1. 众包的内涵

众包指的是一个公司或机构（“发包方”，Seeker）把过去由员工执行的工作任务，以自由自愿的形式外包给非特定的而且通常是大型的大众网络（“问题解决者”，Solver）的做法。众包的任务通常由个人来承担，但如果涉及需要多人协作完成的任务，也有可能以依靠开源的个体生产的形式出现（Howe，2008）。

### 2. 网络平台在众包中发挥的作用

从知识的获取和共享，到创新的实施和商业化，众包的每个过程几乎都是以网络平台为基础的。在知识的形成和交互过程中，网络平台充当了知识转移的媒介；在创新的实施过程中，网络平台充当了创新者交互和协作的公共平台；而在创新成果展示、交易的过程中，网络平台充当了创新成果技术市场的角色。因此，网络平台是众包存在的必要条件。网络平台的这种特性决定了某些高度依赖“经验性”知识的行业难以基于网络平台进行创新，而基于分析性知识的行业由于创新所需的专业知识容易进行模块化，相对来说，更适合大众创新。（刘志迎等，2015；付群英和刘志迎，2016）。

### 3. 网络平台众包的运行机理

在网络平台众包模式下，企业是创新的主导方和发起者，它在“团体的智慧往往会超越个体的智慧”的逻辑引导之下，积极通过互联网寻求大众参与创新。企业首先基于市场需求识别创新目标，然后将研发过程中出现的创新难题分解为模块化的创新需求，进而通过建立或借助有效的网络平台寻求大众的合作参与。由于企业的创新需求面向不特定的大众，所以大众的参与式特点在这种模式下体现得更为明显。具体而言，这种大规模的参与有可能是基于合作的，也有可能是基于竞争的，具体根据企业创新需求发布的性质而定。总体上讲，网络平台众包是企业有意识地利用大众智慧的一种模式（刘志迎等，2015；付群英和刘志迎，2016）。

## 2.7 网络平台众创

网络平台众创是指在没有明确创新需求的情况下，大众主动获取创新机会，从而实施创新并将其商业化的过程。在这种模式下，大众并没有明确的目标导向，而是主要以兴趣为驱动，结合自身现有的条件和资源，在环境中识别创新机会并形成创意，进而实现由创意到创新成果市场化的过程。这种创新既可能依赖大众长期的、有计划的创造性活动，也可能依赖大众突然迸发创新灵感而进行的“即兴创作”。相对于外部动机来讲，大众的个人兴趣和自我实现的需要等内在动机，在这种模式下起着更为决定性的作用，而互联网为大众的创新提供了重要的知识基础和技术条件。目前，腾讯开放平台、百度开放平台、微信开放平台是我国开展网络平台众创的重要场所（赵先德等，2016）。

## 2.8 小结

### 1. 各种创新模式比较分析

综合上述分析，我们从创新任务提出者、外部创新源、创新协调者、组织形式、外部创新源的创新逻辑共五个方面，对各种创新模式进行比较分析，具体结果如表 2-1 所示。

**表 2-1　各种创新模式比较分析**

| | 封闭式创新 | 用户创新 | 供应商创新 | 合作创新 | 开放式创新 | 网络平台众包 | 网络平台众创 |
|---|---|---|---|---|---|---|---|
| 创新任务提出者 | 企业 | — | 企业 | 企业 | 企业 | 发包方 | — |
| 外部创新源 | — | 领先用户 | 部分供应商 | 合作者 | 利益相关者 | 问题解决者 | 行动者 |
| 创新协调者 | — | — | — | — | — | 平台企业（有时也可能是发包方） | 平台企业 |
| 组织形式 | 由企业控制的、封闭的纵向一体化组织 | 由领先用户控制的自组织形式，或者是无组织 | 由企业控制的、对部分供应商开放的纵向一体化组织 | 由企业控制的、对合作者开放的纵向一体化组织 | 由企业控制的、对利益相关者开放的纵向一体化组织 | 由平台企业协调的、开放的平台生态系统 | 由平台企业协调的、完全开放的平台生态系统 |
| 外部创新源的创新逻辑 | — | 效果逻辑 | 因果逻辑 | 因果逻辑 | 因果逻辑 | 因果逻辑 | 效果逻辑 |

需要指出的是，在供应商创新、合作创新、开放式创新、网络平台众包中，外部创新源遵循因果逻辑（Causation）进行创新，即创新任务提出者给出明确的目标，外部创新源在这些目标的引导下，从一组可供选择的手段中挑选出一个最优的手段去实现这一确定的目标。而在用户创新、网络平台众创中，外部创新源则遵循效果逻辑（Effectuation）开展创新活动，此时，外界没有明确的目标对外部创新源进行引导，他们仅基于自身既定的手段和资源，关注这些手段和资源的整合可以带来的各种可能的结果和效果，并努力从中选择最满意的结果，而不强调对未来的准确预测（Chandler et al., 2011）。

**2. 现有研究局限**

学者们对于封闭式创新、用户创新、供应商创新、合作创新、开放式创新进行了大量的研究，理论体系已经比较成熟。近年来，学者们对于网络平台众包也有了极大的关注度，实践导向或学术导向的研究飞速增长。

网络平台众创的概念由我国政府于 2015 年 9 月 23 日正式提出，至今不到三年。与之相关的探讨多见于报纸、杂志、新闻等，在十分有限的几项学术研究中，学者们对于网络平台众创的内涵、边界的理解尚未达成一致（刘志迎等，2015；付群英和刘志迎，2016）。国外学者对于众创的研究始于民主化创新的兴起，已经存在一些与网络平台众创相关的研究，但是从这些研究的具体内容来看，它们中的绝大部分都是在探讨开源软件（Open Resource Software）的研发技术、界面设计、流程管理等问题，这些研究隶属于软件开发领域或管理信息系统领域。从总体上看，网络平台众创的相关研究主要存在如下局限：①网络平台众创的内涵与边界尚未达成一致；②现有研究缺乏明确的理论视角，描述性研究较多；③严格的实证研究非常少；④鲜有文献扎根于创新管理领域，探讨平台机制对行动者资源聚集与行动者目标达成的作用机理。

第 3 章

# 网络环境下平台企业的运营策略研究

平台企业是网络平台众创的重要组织者（李雷等，2016），本章以平台企业为观测单元，剖析平台生态系统的生命周期，在此基础上，阐明平台企业的运营策略。

## 3.1 问题的提出

随着生产型经济的成熟，人类社会的经济形态逐步从“工业化”（Industrialization）迈向“服务化”（Servicization）。与此同时，以信息网络和组织网络为核心的网络环境正在全面形成，使得服务业内部结构升级的趋势更加明显（华中生，2013）。无论在生产性、生活性还是公共服务领域，均涌现出一大批新兴的服务型企业，基于网络环境的平台企业便是其中的典型代表，这类企业正在催生以小前端、大平台、富生态为特征的新型商业格局。

与“工业化”背景下的制造型企业相比，网络环境下的平台企业在运营管理方面体现出新的特征，现有的供应链理论在阐释这些特征时已显得效力不足。例如，以婚恋为主题的平台企业“世纪佳缘”通过连接男女会员构造了平台生态系统（Platform Ecosystem），并依靠各种机制促使他们互动，为其提供滋生爱情的机会。对于“世纪佳缘”而言，男女会员是具有平行地位的市场，双方在生态系统中所处的位置无上下游之分，“世纪佳缘”必须同时吸引这两类用户才能维持整个生态系统的发展。此外，“世纪佳缘”所提供服务的价值也并非经由一个单向的增值过程就能实现，它必须掌控双边市场的互动，在提升双方势力的过程中才能逐步提升自身的价值。这些问题都是以直线式思维为特征的供应链理论无法解释的（Porter and Millar，1985）。再如，以内容搜索为主题的平台企业百度构造了一个涵盖内容网站、网民、广告商的平台生态系统，从供应链的视角来看，提供信息的内容网站看似“上游供应商”，获得信息的网民看似“下游顾客”。但现实情况表明，百度既未向“上游供应商”支付费用，也未从“下游顾客”身上获得直接的经济收益，百度的利润源自广告商的竞价排名。由此可见，利用供应链的直线式思维分析百度这类平台企业是行不通的，那些看似合乎逻辑的解释其实是对平台企业的曲解。

面对上述情况，学术界应该扬弃现有的供应链思维，基于新的视角探讨网络环境下平台企业的运营策略。当然，视角的选择必须具有依据。在现有文献中，学者们将制造型企业视为供应链的节点，采用“立足宏观剖析微观”的思路，基于供应链的视角探讨制造型企业的运营策略（陈荣秋和马士华，2013）。类比地看，平台企业是平台生态系统的一员，我们不妨借鉴上述思路，基于平台生态系统的视角探讨平台企业的运营策略。本章就是对这一思路的尝试，具体地讲，本章将基于平台生态系统生命周期的视角，为平台企业构建出与平台生态系统生命周期各阶段特征相匹配的运营策略，为平台企业的高效运营以及我国现代服务业的飞速发展提供理论指导。

## 3.2 平台企业与平台生态系统

为了保证本章的科学性，有必要对“平台企业”和“平台生态系统”进行理论阐释。

平台企业是指连接了两个或多个特定群体，通过一系列机制不断激发网络效应（Network Effects），在满足各群体需求的前提下，巧妙地从中获利的组织。网络效应是平台企业发展壮大的关键，可以分为同边网络效应和跨边网络效应。同边网络效应是指平台企业某一边市场的用户规模会影响该边市场中其他用户得到的效用，跨边网络效应是指平台企业某一边市场的用户规模会影响其他边市场中用户得到的效用。规模与效用成正比时称为正向网络效应，反之则称为负向网络效应。平台企业设立的各种机制都是为了激发正向网络效应（Shriver et al.，2013）。从以上定义出发，可以对平台企业的特征进行如下归纳（陈威如和余卓轩，2013）：首先，平台企业并非网络环境下所特有，购物商城、农贸市场、经济开发区等均为非网络环境下平台企业的实例，但是网络环境促使平台企业在多个领域内爆炸式发展，这一结果已经深刻地改变了人们的工作和生活，因此，笔者的研究兴趣集中于网络环境下的平台企业。其次，平台企业连接了两个或多个群体，这些群体没有上下游之分，也没有前后端之别，对于平台企业而言，它们是具有平行地位的市场。再次，平台企业仅与单边市场互动是无法获益的，它必须拥有完善的机制，同时激发正向的同边和跨边网络效应，有效激励多方群体之间的互动，自己才能从中分得一杯羹。最后，在与各边群体通力合作、互利共赢的过程中，平台企业必须注重品牌形象、网络口碑等软实力的提升，决不能一味地利用强制性条款对合作者加以制约甚至是打压。

一个成功的平台企业并非仅仅提供简单的渠道或纯粹的中介服务，它更像一个拥有强大吸引力的旋涡，开启了多边市场间从未被挖掘的功能，从而打造一个完善的、成长潜能强大的“平台生态系统”。依据 Vargo 和 Lusch（2016）提出的服务主导逻辑，可以将“平台生态系统”视为一个“服务生态系统”，具体地讲，它是不同的社会性和经济性行动主体基于自发感应和响应，根据各自的价值主张，以平台企业所构建的机制、技术和共同语言为依托，为了资源共享、价值共创而进行互动的一种松散耦合型时空结构（李雷等，2013）。根据平台企业连接群体数量的不同，可以将平台生态系统分为两种基本模式，分别为双边模式和三边模式（陈威如和余卓轩，2013）。双边模式是最基本的形式，平台企业构建的机制驱使双边市场相互吸引，并使它们从中获益，在此过程中，平台生态系统的规模与价值也会一同得到提升，淘宝网、前程无忧网、起点中文网即为典型实例。三边模式通常出现在内容产业中，如优酷网、百度等，此类平台生态系统包含内容提供方、用户和广告商三边市场，内容提供方吸引用户，用户吸引广告商，由此推动了平台生态系统的运营与发展。

## 3.3 平台生态系统的生命周期

### 3.3.1 平台生态系统生命周期曲线相关维度的界定

人类为了规避风险具有明显的“从众心理”（Conformist Mentality），他们经常受到外界人群行为的影响，在自己的知觉、判断、认识上表现出符合公众舆论或多数人的行为方式，实验表明只有极少数人保持了独立性，没有被从众，从众心理是大部分个体普遍存在的心理现象（Han and Northoff，2008）。例如，当您身边有很多人炒股时，您可能也会加入这一潮流；当您的同事通过炒房获得收益时，您通常也会按捺不住；当您的亲朋好友对智能手机望而却步时，您往往也不愿“勇担先锋”。在网络环境下的平台生态系统中，“从众心理”也丝毫没有减退。例如，某人在决定是否使用 QQ 之前，最关心的是自己有多少亲朋好友使用这款软件；某人是否使用携程旅行网订购机票，往往取决于身边有多少人有过此种经历，同时也会考虑有多少服务提供商与携程旅行网建立了联系。在比比皆是的现象背后可以抽象出三个维度，它们在某种程度上共同决定了人们是否愿意加入某一平台生态系统①。

维度一为“平台生态系统的实际规模”，即平台生态系统中现有用户的数量。就一般趋势来看，随着平台生态系统的不断发展，其实际规模会逐渐扩大，至某一点后达到饱和，并开始呈现萎缩的态势，此时，平台企业若采取恰当的策略，平台生态系统的实际规模可能会继续扩张，进入新一轮生命周期，当然也有平台生态系统就此停止发展，走向消亡。维度一的取值对平台生态系统的网络效应具有正向影响。

维度二为“平台生态系统的期望规模”，即从理论上讲平台生态系统中至少已经存在多少用户才能吸引外界潜在用户主动加入其中，实质上这是外界潜在用户对于平台生态系统实际规模的最低心理预期，它立足于风险规避的视角定量地阐述了外界潜在用户主动加入平台生态系统的最低意愿门槛。

就维度二的前因和结果而言，可以通过如下分析找到答案：在 21 世纪初，以网络环境为支撑的服务经济迅速席卷全球，为此，Parasuraman（2000）提出了技术准备度（Technology Readiness）这一概念，将其定义为“人们主动采纳并利用新技术去实现生活或工作目标的一种倾向”，并明确指出“技术准备度描述的是服务经济背景下人们在新技术采纳方面的特质，对于某个人来讲，通常是稳定的”。Parasuraman 指出个人对于技术风险性（对技术缺乏信任、对技术能否妥善完成工作存有疑虑）

---

① 3.2 节分别界定了同边、跨边、正向、负向网络效应，并指出用户规模是网络效应的重要影响因素，但是影响方向需做进一步探讨。在最常见的 B2C（Business to Customer）电子商务生态系统中，C 边规模的扩大，使得该边用户（顾客）获得更多的商品口碑信息，也会使 B 边用户（商家）获得更大的销售空间，由此激发出正向的同边、跨边网络效应。B 边用户规模扩大时，C 边用户获得的商品选择机会增加，可以激发正向跨边网络效应，然而，此时的同边网络效应存在两种可能的解释：其一，商家规模的扩大加剧了市场竞争，导致各商家所得效用降低，产生负向同边网络效应；其二，若立足风险规避视角来看，商家规模的扩大使各商家获得更多的参照对象，加之网络环境所固有的信息量大、信息传递速度快、沟通成本低等特征，各商家之间可以共享成功经验，降低业务风险，提高效益，由此理解，可以认为 B 边用户规模的扩大激发了正向同边网络效应，考虑到本研究基于的风险规避视角及研究条件的限制，本研究选择了此种解释。综上所述，加之 B2C 电子商务生态系统在当今社会中极强的代表性，在本研究中我们一般性地认为“平台生态系统中各边用户规模的扩大将激发正向的同边、跨边网络效应”，基于此，我们在构建平台生态系统生命周期曲线及进行相关分析时，不再对各边的用户规模加以区分，而将其总和用平台生态系统规模加以替代，对于上述四类网络效应也用网络效应加以统称，至此，我们概括地认为“平台生态系统规模的扩大将激发正向网络效应”。

的感知是技术准备度的一个重要表征，当个人的技术准备度水平较低时，他们会认为使用技术存在较大的风险，并产生风险规避的倾向（Parasuraman，2000）。如果将网络环境下的平台生态系统视为服务经济背景下出现的新技术，那么，综合本章对于维度二所下的定义以及 Parasuraman 的上述研究结论，可以认为平台生态系统外界潜在用户的技术准备度水平越低，其体现出的风险规避倾向则越强，其“从众心理”也会愈加显著，由此导致他们加入平台生态系统之前对于平台生态系统实际规模的最低心理预期处于较高水平，从而使得维度二的取值也会较高。从平台生态系统规模与网络效应的正相关关系来看，可以认为维度二的取值最终会正向影响外界潜在用户对于平台生态系统的期望网络效应，当然，这一网络效应只是一种心理预期。

根据技术准备度水平的不同，Parasuraman 和 Colby（2001）将个人分为五类，分别为探索者（Explorer）、先锋者（Pioneer）、怀疑者（Skeptic）、偏执者（Paranoid）和落后者（Laggard），这五类人的技术准备度依次降低，对于同一种新技术，他们的采纳时间点也由先到后。分析至此，我们可以推测出维度二的取值在平台生态系统生命周期中呈逐步上升趋势，待落后者开始进入平台生态系统时，平台生态系统的品牌形象、口碑等已趋于稳定，外界对于平台生态系统的认知也较为趋同，此时，维度二的取值基本平稳。

由上述分析可见，在探讨维度一、维度二的变化趋势时，时间是必须考虑的因素，否则两个维度将成为静态的参数，对于平台生态系统生命周期的刻画也就无从谈起，因此我们将“时间”视为维度三，单独加以考虑。

至此，我们界定了平台生态系统生命周期曲线三个维度的定义，并通过分析维度一、维度二的前因及其对两个维度取值的影响，大致判断出维度一、维度二在平台生态系统生命周期中各自的变化趋势。就维度一、维度二的结果而言，它们分别对应平台生态系统的网络效应、外界潜在用户对于平台生态系统的期望网络效应，由此可见，当维度一的取值大于维度二时，外界潜在用户主动加入平台生态系统的最低意愿门槛被突破，平台生态系统的网络效应可以直接吸引外界潜在用户主动加入其中；反之，外界潜在用户为了规避风险，则会静观其变、无动于衷。

综上所述，随着维度三“时间”向前推进，平台生态系统不断发展，维度一“平台生态系统的实际规模”、维度二“平台生态系统的期望规模”的取值均会发生改变，只是在平台生态系统生命周期的不同阶段两者取值的大小有所差别，由此决定了外界潜在用户能否在平台生态系统网络效应的吸引下主动加入平台生态系统，这些现象在逻辑上的关联性使得我们通过上述三个维度描述平台生态系统的生命周期具备了可行性。

### 3.3.2 平台生态系统生命周期曲线相关研究成果的批判性回顾

事实上，在学术界，陈威如和余卓轩（2013）已经沿上述思路进行了尝试，他们选取 3.3.1 节所界定的维度一为纵轴参数、维度二为横轴参数创建坐标系，根据两维度在平台生态系统各发展阶段中所处水平的不同绘制了一条曲线，并将其命名为"平台生态系统用户的加入意愿与实际用户数量的 S 形曲线"（见图 3-1，以下简称"S 形曲线"）[①]。

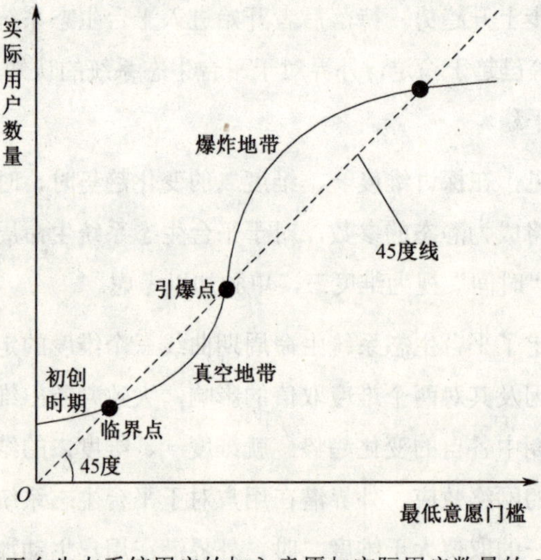


图 3-1　平台生态系统用户的加入意愿与实际用户数量的 S 形曲线

---

[①] S 形曲线中的"实际用户数量""最低意愿门槛"与本章界定的"平台生态系统的实际规模""平台生态系统的期望规模"含义相同，仅是表达方式有所差异。

陈威如和余卓轩（2013）在 S 形曲线上识别出三个关键节点，由此将其划分为四个阶段，概括性地描述了平台生态系统的生命周期，但这一研究存在如下不足：第一，研究者仅对 S 形曲线的两个维度进行了定义，并未对其前因与结果进行系统的理论阐释，导致读者无法深刻理解 S 形曲线变化规律的成因以及此种变化规律对于生态系统的演进有何影响；第二，研究者仅对“引爆点”进行了理论解释，对于“临界点”的阐述十分有限，对于另一关键节点既未解释也未命名，此外，S 形曲线与坐标轴的交点具有相当重要的意义，也应被视为关键节点，但是研究者并未加以识别，即使加以识别其位置能否依照图 3-1 加以确定也有待考证；第三，研究者仅对 S 形曲线的前三个阶段——“初创时期”“真空地带”“爆炸地带”进行了理论分析，对于第四个阶段没有进行剖析，S 形曲线虽然表述了该阶段的趋势，但是准确与否还有待商榷；第四，研究者构建 S 形曲线时未直接考虑时间维度，而是默认随着时间的推移平台生态系统的实际规模与期望规模均在不断上升，研究者以“45 度线”为基准比较了两者的大小，由此识别了生命周期的关键节点和阶段，事实上，研究者的上述“默认”并不精准，此外，将时间维度剔除于 S 形曲线之外将导致读者无法直观地把握平台生态系统的实际规模、期望规模随时间变化的规律，最终使读者丧失系统理解平台生态系统生命周期的机会。

理论的积累是循序渐进的，现有研究的可取之处为后续研究提供了理论基础，现有研究的不足之处为后续研究做出贡献提供了契机。

### 3.3.3 春宇平台生态系统案例的启发

在实地调研中，我们也发现通过 3.3.1 节界定的三个维度对平台生态系统生命周期进行描述具有可行性，春宇集团（SUNIVO）构建的平台生态系统（以下简称春宇平台生态系统）就是典型案例。

春宇集团创建于 2003 年，是一家提供平台服务的集团公司，总部位于上海，研发中心位于南京，拥有 500 余名员工。春宇集团于 2004 年率先进入了快速消费品领域，初步构建了春宇平台生态系统，这一生态系统包含商家与顾客。在访谈中我们了解到，虽然当时能够接触到平台生态系统这一新生事物的用户并不多，但是这些人可以被视为 Parasuraman 提及的探索者，他们对于平台生态系统没有较高的预期，由于自身的特质使得他们自发地进入平台生态系统，这一状况使得春宇平台生态系统在构建之初经历了一个“十分短暂的快速发展期”。

随着春宇平台生态系统的发展，虽然越来越多的潜在用户对其有所了解，但是这些用户并非都是具有很高新技术采纳倾向的探索者，为了规避风险，他们对生态系统规模的预期有所升高，此时，生态系统整体发展速度放缓。为解决此问题，春宇集团通过种种措施不断丰富商家的种类，在 2005 年至 2008 年之间将化工服务商、物流服务商、金融商逐步引入生态系统。作为生态系统的搭建者，春宇集团还创建了一系列机制，主要涉及产品报价、数据分析、进出口代理、流程外包、信用评价、账期监控等，撮合各边群体的互动，这些举措保证了春宇平台生态系统度过了“困难期”。

自 2009 年开始，春宇平台生态系统进入了“高速发展阶段”，此时，它已经具备了较大的规模，由此激发出的网络效应可以直接吸引外界潜在用户加入其中。以金融服务为例，2012 年春宇集团联合中信保上海分公司、南洋商业银行等金融机构，仅服务上海中小微企业就达 500 多家，共为这些企业提供 1 亿美元的出口帮助，极大地缓解了中小微企业的资金紧张。春宇集团预计可以为 10000 家中小微企业提供金融服务，可累计实现 300 亿美元的交易。目前，春宇平台生态系统的参与者遍及 60 多个国家和地区，春宇集团以云平台技术和定制化解决方案为服务核心，为国内外企业提供从贸易流通到物流和资金的全方位平台服务。

通过对具有 11 年历史的春宇平台生态系统进行纵向分析后不难发现，3.3.1 节所界定的三个维度及其变化规律，在春宇平台生态系统所经历的“十分短暂的快速发展期”“困难期”“高速发展阶段”，与陈威如和余卓轩（2013）提及的“初创时期”“正空地带”“爆炸地带”中，可做相同的理解。虽然这些结论尚无法从一般化的角度完整地描述平台生态系统生命周期，但是它们在某种程度上表明，基于 3.3.1 节所界定的三个维度构建平台生态系统生命周期曲线在理论层面和实践层面均具有可行性。

### 3.3.4　平台生态系统生命周期曲线的构建及解析

以“S 形曲线”为理论基础，充分考虑其中的不足，并借鉴春宇平台生态系统案例提供的实践启发，本章提出了“平台生态系统生命周期曲线”（见图 3-2，以下简称生命周期曲线）。生命周期曲线由平台生态系统实际规模曲线、期望规模曲线组成，根据两条曲线的变化趋势可识别出若干关键节点和发展阶段，由此对平台生态系统生命周期进行系统的刻画，本节后续内容将对各关键节点及阶段进行解析。

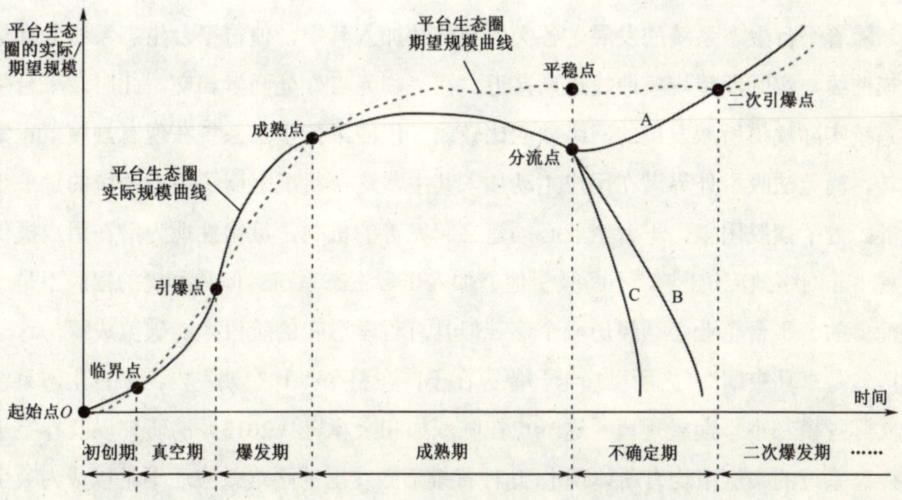


图 3-2　平台生态系统生命周期曲线

#### 1. 起始点和初创期

就实际情况而言，平台生态系统的发展会经历一个从无到有的过程，为完整地描述这一过程，本章将平台生态系统实际规模曲线与期望规模曲线的起点均设定为坐标原点（在图 3-2 中被命名为“起始点”），这与上文所述的 S 形曲线有所不同。从另一个侧面讲，平台生态系统诞生之初，绝大多数人会对其持观望态度，只有少数人敢为天下先，愿意率先进入。如果将网络环境下的平台生态系统视为一种新技术，那么依据 Parasuraman 和 Colby（2001）的观点，可以将此类人群视为探索者，探索者敢于冒险，对技术持乐观态度，很少被新技术困扰，愿意尝试由于技术驱动而产生的创新，且这种意愿很少被外界环境左右。探索者的这些特质会产生强大的内驱力，促使他们心甘情愿地、主动地加入平台生态系统，而不需要从他人身上寻找过多的证据。探索者关注他人较少，使得他们在加入平台生态系统之前对于平台生态系统规模所持的期望处于较低水平，由此导致平台生态系统的期望规模曲线在“初创期”内始终低于实际规模曲线。这一点在陈威如和余卓轩（2013）的研究以及春宇平台生态系统的案例中均有所体现。

### 2. 临界点和真空期

随着平台生态系统的发展，各类用户陆续加入其中，使得平台生态系统的期望规模曲线与实际期望规模曲线逐渐接近，在“临界点”处两者相交。此时，平台生态系统实际规模所激发出的网络效应比较弱，仅能维持生态系统在现有规模下正常运转，尚无法吸引外界潜在用户主动加入其中，这一状况阻碍了生态系统的进一步发展。为了摆脱困境，平台企业必须建立起完善的机制，策略性地为潜在用户提供种种“非网络效应诱因”，不断吸引他们加入平台生态系统。但是困境的摆脱不是一蹴而就的，平台企业必须经历一个痛苦但具有哲学意味的阶段才能破茧成蝶，这一阶段就是“真空期”。之所以痛苦，原因在于，在整个“真空期”内，平台生态系统的实际规模都小于期望规模［这一点在陈威如和余卓轩（2013）的研究以及春宇平台生态系统的案例中均有所体现］，此种背景下激发出的网络效应还不足以成为吸引外界潜在用户加入平台生态系统的筹码，平台企业只能依靠自身的努力寻求发展，稍有不慎，就会导致平台生态系统的萎缩甚至平台企业的“阵亡”。之所以具有哲学意味，因为痛苦的“真空期”是每个平台生态系统充分享受网络效应、获得爆炸式发展的必经阶段，这也在某种程度上印证了“天将降大任于斯人也，必先苦其心志，劳其筋骨，饿其体肤，空乏其身，行拂乱其所为”的中国传统哲学思想。

### 3. 引爆点和爆发期

当平台生态系统发展至“引爆点”时，“真空期”就结束了，在“引爆点”处，平台生态系统的实际规模与期望规模相等。“引爆点”的到来意味着平台生态系统已经具备了依靠已有用户激发出的网络效应吸引潜在用户自发地进驻其中的能力。图 3-2 对于“爆发期”的描述充分说明了这一点，在以“引爆点”为起点的“爆发期”中，平台生态系统的实际规模始终大于它的期望规模[这一点在陈威如和余卓轩（2013）的研究以及春宇平台生态系统的案例中均有所体现]，此时已有用户激发出的网络效应成了实实在在的砝码，在“网络效应诱因”的吸引下，外界潜在用户以“病毒感染之势”进入平台生态系统，平台企业进入了高速发展阶段，它们无须投入过多的成本，就能获得高额的利润。这正是平台企业经历了“真空期”的痛苦之后，“动心忍性，增益其所不能”的具体体现。

**4. 成熟点和成熟期**

经历了“爆发期”的疯狂扩张后，平台生态系统发展至“成熟点”，“成熟点”蕴含的正反两方面寓意决定了平台生态系统期望规模曲线与实际规模曲线在“成熟期”中的走势。首先，“成熟点”的到来意味着平台生态系统具备了相当大的规模以及良好的服务质量，内部机制比较完善，良好的品牌效应及口碑已经形成，加之网络环境为公众理念的飞速传播创造了条件，这些因素的交集使得社会大众对平台生态系统的形象形成了比较稳定的认知，导致外界潜在用户对于平台生态系统期望规模的要求逐渐趋于平稳，所以，平台生态系统期望规模曲线的斜率在“成熟期”内逐渐减缓，并在“成熟期”的中段达到一定水平，此后虽有轻微波动，但是总体趋势没有改变。从另一个侧面讲，“成熟点”的到来意味着平台生态系统的容纳能力趋于饱和，平台企业会面对更多的竞争者，在竞争者的重重压迫下已有用户开始流失，导致平台生态系统的实际规模在“成熟期”内无法持续扩张，达到某一峰值后开始下降。从总体上看，“成熟期”内的期望规模曲线与实际规模曲线几乎同时达到峰值，但是前者高于后者［这一点在陈威如和余卓轩（2013）的研究中有所暗示］，在该阶段中，虽然网络效应依旧很强，但已不再是吸引外界潜在用户进入生态系统的主要诱因，平台企业若不及时转变运营策略将面临继续衰退的风险。

**5. 平稳点、分流点和不确定期**

在平台生态系统实际规模曲线开始下降时存在一个“分流点”，此点意味着“成熟期”的结束及“不确定期”的开始。在“不确定期”中，平台生态系统实际规模曲线存在三种可能的走向，如图 3-2 所示，在走向 A 中，平台企业充分整合前期积累的资源，在巩固好已有用户的前提下进行运营模式创新，变被动为主动，使得平台生态系统踏入了又一个高速发展的阶段。在走向 B 中，平台企业虽然减缓了生态系统萎缩的速度，但是未能逆转总体趋势，生态系统的实际规模仍在不断减小，最终消亡。在走向 C 中，平台企业在主客观因素的重重压力下，快速地走向了衰退，生态系统的实际规模快速萎缩，平台企业快速消亡。由于社会公众对于平台生态系统的认知已趋于稳定，平台生态系统期望规模曲线在“不确定期”中仍会保持水平的发展趋势，本章将“分流点”在期望规模曲线上的映射命名为“平稳点”，用以表示期望规模曲线进入“不确定期”的初始时刻以及它在当时所处状态。需要说明的是，在 A、B、C 三种走向中，实际规模曲线均低于期望规模曲线，所以网络效应无法成为吸引潜在用户进入生态系统的主要诱因，但在 A 走向中，网络效应被不断激发，而在 B、C 走向中，网络效应逐渐消退。

**6. 二次引爆点、二次爆发期和新一轮生命周期**

当平台企业依托合理的运营策略使得平台生态系统实际规模曲线在“不确定期”中呈现 A 走向时，平台生态系统将发展至“二次引爆点”，此时实际规模曲线与期望规模曲线相交，平台生态系统进入“二次爆发期”，网络效应再次被引爆，平台生态系统迎来了又一次高速发展的时机，并由此开启了新一轮生命周期的循环。新一轮生命周期直接以“二次爆发期”为起始阶段，随后将陆续度过“二次成熟期”“二次不确定期”，并根据实际规模曲线在“二次不确定期”中的走向，决定生态系统是否进入第三轮生命周期的循环。

## 3.4 平台企业的运营策略——基于平台生态系统生命周期的视角

平台生态系统在生命周期的各个阶段中体现出不同的特征，这些特征是本章研究平台企业运营策略的重要依据，具体分析如下：

### 3.4.1　初创期

由于“从众心理”的作用，平台生态系统成立初期，大多数人不会贸然进入，只有极少数探索者具备强烈的尝试意愿，他们是平台生态系统的“初期造势者”。探索者与普通大众不同，他们之所以使用某项新技术往往是由自身敢于冒险、愿意尝试新生事物等与生俱来的内在特质决定的，当他们发现以技术为依托的新生平台生态系统出现时就想进入其中一试身手，这种愿望很少被外界环境所左右。此种背景下，平台企业运营策略的核心就是通过种种手段简明扼要地传达自己的价值主张，让探索者察觉到平台生态系统的存在，由此吸引他们对平台生态系统产生关注，这就为他们创新性极高的内在特质发挥效用、自发地进入平台生态系统铺平了道路。广告是实现上述目标的有效手段（Tucker and Zhang，2010），具体包含如下三种形式。

#### 1. 传统媒体广告

传统媒体一直是企业惯用的广告渠道，如电视、广播、报纸、杂志等，这些渠道对于平台企业依旧适用，但在网络环境下并非平台企业制定运营策略时的重要关注点（程贵孙等，2009），在此不再展开论述。

#### 2. 数字媒体广告

随着技术的发展，社交网站、搜索引擎、导航网站为平台企业推销自己提供了新的路径（Godes et al.，2009）。例如，智联招聘网在构建平台生态系统初期，利用人人网提供的“自助广告平台”让无数潜在用户察觉到了它的存在，并有效锁定了目标客户群；百度、谷歌等搜索引擎提出了竞价排名的商业模式，新生的平台企业可以付出一些成本使自己的信息在这些网站中置顶，由此大大提高自己被潜在用户关注的机会；导航网站也是很好的例子，hao123导航网站中开设的“商城”“交友”“团购”“旅游”“招聘”等栏目汇集了大量平台企业信息，提供了企业接口，这在无形之中增加了这些平台企业的曝光率。

### 3. 实体店面或设备

新兴平台企业还可以通过实体店面或设备展示自己的服务产品，从而引起潜在用户的注意。例如，苹果公司刚刚进入中国时，在很多知名商场中设置用户体验区，用户可以进入其中，自由体验苹果产品带来的乐趣，这些人群中的探索者会迅速被苹果产品华丽无比的属性所吸引，快速成为苹果公司的真实用户；携程旅行网成立之初，在全国各大机场、酒店设置固定摊位或安排专人推销甚至免费发放会员卡，吸引乐于尝试新型商旅服务模式的用户加入其平台生态系统；淘宝网刚刚成立时，通过分众传媒设置在各个楼宇的液晶屏幕将自己的价值主张推向市场。

需要指出的是，探索者通常具有较高的社会地位，受过良好的教育，愿意成为意见领袖（Parasuraman and Colby，2001）。平台企业应紧扣这些特征，精确地定位广告受众。

## 3.4.2 真空期

在“真空期”内，平台生态系统的实际规模小于期望规模，此时的网络效应比较弱，只能维持平台生态系统原地踏步式的运转，尚不足以吸引更多的潜在用户加入其中。为了摆脱困境，平台企业必须提供一系列“非网络效应诱因”，巧妙地掌控各边市场的互动，在提升各方势力的同时累积自身的话语权，激发网络效应，直至将平台生态系统推向能够依靠网络效应自发发展壮大的“爆发期”。这一思路就是平台企业在“真空期”中制定运营策略的指导思想，这里的“非网络效应诱因”体现为平台企业构建的一系列机制，以下三种机制尤为重要。

### 1. 补贴机制

补贴机制是该阶段中所有机制的核心。以双边模式平台生态系统为例，平台企业作为生态系统的领导者连接了双边市场，这两个市场都可能为平台企业带来收益或使其产生支出，此特征赋予了平台企业在定价方面的柔性。平台企业可以将某一边市场视为“被补贴方”，为其提供低于市场平均价格或免费的服务，激起该边群体进驻生态系统的欲望，并以此为筹码，转而吸引“付费方”（另一边市场）进驻平台生态系统，通过“付费方”带来的收入支撑平台生态系统的运营与发展（Armstrong and Wright，2007）。如何界定“被补贴方”与“付费方”对于平台企业而言是一种战略性抉择，它是影响平台企业能否获利与成长的关键（Boudreau，2010）。Eisenmann 等（2006）为我们提供了五条判断标准（见表 3-1），这一标准可以广泛地应用于最基本的双边模式生态系统。

**表 3-1　双边模式平台生态系统中被补贴方与付费方的判断标准**

| 判断标准 | 被补贴方 | 付费方 |
|---|---|---|
| 该边群体对于平台服务价格的敏感程度 | 高 | 低 |
| 该边群体规模扩大时平台企业产生的边际成本 | 低 | 高 |
| 该边群体的同边网络效应 | 正向 | 不确定 |
| 该边群体多地栖息的可能性 | 高 | 低 |
| 该边群体的现金流向平台企业汇集的方便程度 | 困难 | 容易 |

以 B2C 电子商务生态系统为例：相对于商家而言，多数顾客进入生态系统的主要目的是享受折扣，他们对于价格十分敏感，若向其收取额外费用可能会使他们敬而远之；在网络环境下平台企业使用标准化的服务流程管理顾客，管理活动的重制成本很低，因此，当顾客规模扩大时平台企业需付出的边际成本不会太高，对于此类群体平台企业自然应提供补贴、大力吸引；顾客之间可以分享心得、交流经验，从而更好地实现自己的期望，他们的同边网络效应为正，这一结果也是平台企业希望看到的，因此，平台企业应补贴顾客，使得他们的规模不断扩大，促使同边网络效应彻底爆发；顾客转换生态系统的代价并不高，他们能够轻易地在数个相似的平台生态系统中栖息，为了留住顾客，平台企业应给予他们补贴；顾客的数量庞杂，与平台企业的交互无处不在，平台企业很难对顾客每一次细微的交互行为收取服务费，由此导致源自顾客的现金流很难向平台企业汇集，所以，平台企业应从商家身上寻找利润来源。综合这些分析不难发现：在 B2C 电子商务生态系统中，平台企业通常应该将顾客视为“被补贴方”、将商家视为“付费方”（纪汉霖，2011）。

然而有些时候，平台企业发现双边市场都不愿意付费，它们不能单纯地将一边群体视为“付费方”，将另一边群体视为“被补贴方”。平台企业应该从两边群体中寻找愿意购买增值服务的用户，让他们付费，从而补贴其他用户。以“世纪佳缘”为领导者、连接了男女会员的网络婚介平台生态系统，以“起点中文网”为领导者、连接了作者群体和读者群体的网络文学平台生态系统即为典型实例。

2. 孵化机制

某些用户虽然在主观上有加入平台生态系统的意愿，但是由于自身能力的匮乏，导致其进入生态系统时面临着层层壁垒，为解决这一问题，平台企业需要构建孵化机制（Wang and Li，2013）。

以连接了软件开发者与软件用户的 MM 为例，有些开发者具有很好的想法，但是编写代码的能力有所欠缺，MM 为了帮助他们开发产品，构建了一套可供开发者免费使用的软件生成系统，开发者仅需按流程将自己的观点上传，就可以在无须编写代码的情况下，快速生成软件产品，这就大大降低了非技术类开发者的准入门槛。对于一般开发者而言，某些能力属于稀缺资源，他们不易获得，为此，平台企业构建了一站式云端平台，向开发者提供能力池、终端池和操作系统池。能力池是汇聚各种开放式能力的综合服务平台，实现对能力的可管可控；终端池向开发者提供远程终端适配测试等服务，解决开发成本高的问题；操作系统池提供跨平台开发工具和组件，探索一次开发跨平台适配技术。此外，MM 学院、开发者沙龙、创新开发日、百万青年创业计划等也为开发者进驻生态系统提供了技术及流程上的指导。以上种种手段实质上是一系列孵化机制，它们可以降低开发者的准入门槛，逐渐积累开发者一边人气，平台企业可以以此为筹码，吸引更多的用户，从而将生态系统推向正循环（李雷等，2015）。

“问卷星”连接了研究者和被研究群体，当研究者初次踏入生态系统时，可能会被其中花哨的功能所吓退，“问卷星”为了避免研究者的流失，构建了一系列孵化机制。例如，“问卷星”根据研究者目的的不同，将被研究群体及研究流程分为几类，对研究者进行细致的引导。“问卷星”为研究者提供不同的问卷模板，并根据他们的研究内容给出相应的建议，如果有必要，“问卷星”也可以凭借丰富的经验帮助研究者设计研究方案。“问卷星”还会给研究者一次试用的机会，让他们能够从头至尾体验全套研究流程。在孵化机制的重重作用下，研究者摆脱了技术上的恐惧，逐渐融入平台生态系统之中。

### 3．服务产品创新

为了增强核心竞争力，平台企业必须进行服务创新，这是平台企业运营策略的重要组成部分。服务创新分为服务产品创新（Service Product Innovation）、服务流程创新（Service Process Innovation）和商业模式创新（Business Model Innovation），其中，服务产品创新是指推出新的服务产品，既可以对于市场是全新的，也可以相对于公司来说是全新的，或者是对原有服务产品的改进和升级（李雷等，2012a）。相对于其他两类服务创新而言，服务产品创新对于顾客的要求较低，顾客无须对参与服务的方式做出过大的改变就可以在短时期内感知到服务价值的提升，所以，比较适合在“真空期”内为潜在用户提供更具吸引力的“非网络效应诱因”。

以上文提及的春宇平台生态系统为例，当其发展至“真空期”时，春宇集团首先通过补贴机制将化工服务商、物流服务商、金融商等引入生态系统，随后推出了一系列服务产品，包括产品报价、数据分析、进出口代理、流程外包、信用评价、账期监控等，由此推进各边群体交流互动，使得整个生态系统处于有序的运转状态，最大限度地避免了新进用户无法在短期内熟悉生态系统环境而匆忙离开的现象。

QQ 这一服务产品也是典型的例子。早在 1997 年，腾讯的创始人马化腾就接触到了 ICQ，亲身感受到了 ICQ 的魅力，但也看到了它的局限性：一是英文界面，二是使用操作有相当的难度，这使得 ICQ 在国内始终不是特别普及，仅仅局限于“网虫”级的高手群体。腾讯成立于 1998 年，当时它的业务是为寻呼台建立网上寻呼系统，但是随着寻呼机走向没落，腾讯进入了痛苦的“真空期”。此时，马化腾参照 ICQ 的理念，推出了 OICQ 这一即使通信软件，后改名为 QQ。QQ 推出仅 9 个月在线人数就突破 6 万，在短时间内聚集了大量的人气，为腾讯搭建起了极具发展潜能的平台生态系统，也帮助腾讯迅速走出了困境。

### 3.4.3 爆发期

当平台生态系统突破“引爆点”后，网络效应已经达到足够高的水平，平台企业可以以网络效应为诱因吸引外界用户加入生态系统。此时我们不禁要问，平台企业的工作就此终止了吗？平台企业可以坐享其成了吗？答案是否定的。因为在前两个阶段中，平台企业为了生存会竭尽全力地扩大生态系统规模，这种发展是粗放式的，一些问题会相继而生，此外，在“爆发期”中又有一些新问题会不断暴露，这些问题虽然不会从大趋势上遏制平台生态系统的发展，但是它们的存在对于网络效应的爆发必然会产生阻碍，平台企业度过紧张的“真空期”后，应该在较为宽松的“爆发期”中解决这些问题。与此同时，平台企业也应借助“爆发期”的宽松环境，系统地培养服务创新能力，为后续阶段开展服务创新活动夯实基础。以下四种机制有助于上述思路的具体实施。

**1. 市场细分机制**

当平台生态系统发展至一定规模时，平台企业不能再任由其粗放地成长，必须打造出适合各边用户的细分框架，这一框架能够有效引导各边用户真正找到自己的所需，由此为多元而丰富的多边互动构建桥梁。以携程旅行网为例，为了精准地引导顾客，它将自己提供的服务分为酒店、旅游、机票、火车票、攻略社区、礼品卡、商旅、积分奖励、特卖汇、合作卡、订餐等诸多类别，在这些类别下面又区分了若干子类，这一细分框架不仅能使大众常用的服务项目得到重视，也能使一些冷门尾品找到自己的追随者，实现了双边市场的匹配。起点中文网依据不同的题材将作者群体提供的网络文学划分为灵异、都市、科幻、玄幻、武侠、奇幻等类别，让不同兴趣的读者选择自己青睐的内容，其实这也是一种很好的营销手段。58 同城网连接了信息发布者和信息需求者，构建了一个生活信息供需生态系统，它最具特色之处是以地理位置为依据划分市场，为各个城市中的用户提供招聘、租房、二手市场、团购等信息，这就避免了信息过于散乱、针对性不强等问题。

### 2. 保持生态系统延展性机制

平台商业模式与直线式的供应链模式有所不同，后者通过逐级叠加创造价值，很难找到一个瞬间爆发点，而前者一旦达到“引爆点”，其发展速度就会是常人不可估量的。因此，平台企业必须时刻保证生态系统具有足够的延展性，使生态系统的规模在“爆发期”内毫无障碍地扩大。网络环境为平台企业的管理活动赋予了数字化的特征，这一特征为平台企业建立“标准化”的机制体系提供了条件，所谓“标准化”是指机制体系所提供的功能能够有效地复制给每一位用户，为他们带来同等的价值，无论生态系统的规模怎样扩大，其内部都会有序运行（李雷等，2012b）。事实上，Facebook 的用户数量从 2009 年年初的 2 亿人发展至 2010 年的 5 亿人，新浪微博仅用了 1 年多的时间就在我国积累了 1.2 亿用户，“标准化”的机制体系在其中发挥了重要的作用。需要指出的是，“标准化”并非与通过市场细分机制实现的“差异化”相矛盾，“差异化”保证了对于目标市场的聚类，而“标准化”使得聚类的效果更佳，但是过高的“差异化”也会导致平台企业付出额外的成本，为解决此问题，可借鉴服务模块的思想（李雷和杨怀珍，2013）。

### 3. 用户过滤机制

随着“爆发期”的到来，一些素质低下的用户也会随之而入，他们的加入势必会降低现有用户获得的效用，也会影响潜在用户加入生态系统的意愿，平台企业需要过滤掉此类用户。拍拍网、易趣网要求商家进入生态系统之前必须使用实名进行注册，这是对商家的初步审视，也是对他们后期行为的约束，对那些动机不纯的商家具有警醒作用。淘宝网推出了“消费者保障计划”，实质上是对商家服务水平的一种官方认证，被列入该计划体系的商家自然会吸引到更多的客户，但是这也为商家设立了一道门槛，淘宝网要求进入该体系的商家好评率必须在 97%以上，并缴纳一定的保证金，一旦商家出售假货或不符合规定的产品，这部分钱将作为对于消费者的赔偿，此外，商家一旦违背协议规定，将被永久封 IP。用户之间的彼此监督也是过滤不良用户的一个重要手段。当大量用户投诉某个商家出售的商品存在问题时，平台企业必须引起高度警觉，必要时应迅速采取措施，将其清理出局。在新浪微博、腾讯微博、人人网、开心网等社交平台中，平台企业有时会通过主观判断决定是否过滤掉某个客户。例如，某位用户的言论对他人存在攻击或者对于社会风气有不良影响时，平台企业会屏蔽此用户的发言，甚至将其清理出生态系统。但是这里也存在一些问题：平台企业主观判断的标准如何制定？主观判断与生态系统开放的特征是否相悖？这些问题有待后续研究。

**4. 服务创新能力培养机制**

服务创新是平台企业运营策略的重要组成部分，平台企业应在宽松的“爆发期”中，培养自身的服务创新能力，这种软实力是后续服务创新活动高效开展的保障。Menor 和 Roth（2007）曾提出 NSD 能力这一概念，将其定义为“服务组织为获得预期的 NSD 绩效而合理配置资源的能力”，同时将其划分为四个维度，分别为市场敏锐性（Market Acuity）、NSD 战略（NSD Strategy）、NSD 过程聚焦（NSD Process Focus）、信息技术经验（Information Technology Experience）（Menor and Roth，2007），他们通过实证研究验证了 NSD 能力对 NSD 绩效具有正向影响（Menor and Roth，2008）。在运营管理领域，NSD 与服务创新经常被不加区分地交叉使用（Sunbo，1997; Menor，2002），所以，平台企业可以参照 NSD 能力的四个维度培养自身的服务创新能力。首先，平台企业应提高收集数据、分析数据的能力，把握市场趋势；其次，培养服务创新顶层设计的能力，合理搭建平台生态系统的服务创新体系与框架；再次，精心设计服务创新流程，系统关注设计、分析、开发、投放、推广、反馈等关键环节，这是前两方面工作的具体实施（李雷等，2012a）；最后，从软硬件两个方面提高平台企业的信息技术经验，例如，配备优质的信息管理设备和系统，引导生态系统各参与者对其充分利用，由此将各自的资源合理地配置到服务创新的不同环节，实现价值共创，这是前三方面工作的保障。

### 3.4.4 成熟期

“成熟点”的到来意味着平台生态系统的内部机制比较完善，良好的品牌效应及口碑已经形成，同时也意味着平台生态系统的容纳能力趋于饱和，平台企业将面对更多的竞争者，在竞争者的重重压迫下用户开始流失。面对“成熟点”所蕴含的正反两方面寓意，处于“成熟期”的平台企业制定运营策略时应扬长避短，在进一步扩大平台生态系统社会影响力的同时，尽力留住前期积累的重要资源——用户，保证平台生态系统不出现大幅波动、平稳度过“成熟期”，为后续阶段中全面革新运营策略、实现二次爆发积蓄能量，如下四种机制可作为平台企业实现上述目标的核心策略。

### 1. 以社会服务为依托的影响力扩大机制

进入“成熟期”后，平台企业应考虑如何进一步扩大自身的社会影响力，这一思路的用意并非在于让外界潜在用户了解平台企业能够提供何种服务、如何收取费用等技术层面的政策，而是为了将平台企业在前期运转中积累下来的经验或是形成的文化反馈给社会，使得社会大众对其产生一种认同感，为平台企业实现二次爆发提供无形的推力。服务社会可高效地实现这一目标。作为中国最大的在线图书零售平台企业，当当网占据了全国图书零售市场份额的三分之一，就发展态势来看，它已进入“成熟期”。为了进一步扩大自身的影响力，近年来当当网开展了一系列社会服务活动，如苹果雪域计划、当当网太阳村慰问活动、读书捐书活动、集善嘉年华等，这些活动进一步宣传了当当网的价值主张，固化了当当网在社会大众心目中的良好口碑，实现了当当网与社会大众的“共赢”。淘宝网经过多年的发展积累了海量的数据，就淘宝网在网络市场中的统领地位而言，这些数据对人们了解市场态势具有良好的指导作用。为此，淘宝网构建了“淘宝指数”这一开放性的淘宝数据信息共享平台，人们可以从中免费地获取搜索指数、热销指数、倾向指数、喜好度等指标，为人们了解市场、制定销售或购买方案、进行科学研究提供了支撑，淘宝网在此过程中也进一步强化了自身光辉的形象。

### 2. 以用户成本投入为依托的绑定机制

在平台企业的诱导下，用户在前三个阶段中向平台生态系统倾注了大量的金钱、时间和精力，例如，某些超级“果粉”为了体验苹果生态系统的乐趣，会去购买苹果公司推出的每一款产品；有些用户为了使自己的 QQ 空间更加绚丽，会投入大量时间对其进行装扮；有些用户为了在网游魔兽争霸中不断晋级，会不分昼夜地在虚拟世界中拼杀。在这些投入的基础上，用户与平台企业或其他伙伴发生互动，建立了关系，逐步积累起人气，为自身的进一步发展储备了资源。以上这些因素均可以作为平台企业绑定用户、说服他们继续驻足在生态系统的理由。但是，处于“成熟期”的用户已经十分理智，他们的基本需求已经得到满足，此时，用户期望得到的是能给自己真正带来超值体验的服务，否则他们很难继续投注成本。此外，外界环境为用户提供了更多、甚至更加优质的选择，有时用户经过比较后会忍痛割爱，舍弃自己在生态系统中的前期积累，另寻他家，若干年前，大量用户舍弃易趣网奔向淘宝网就说明了这一点。所以，在“成熟期”中，平台企业不能完全依赖用户投入的成本对他们进行绑定，还要从其他层面更加深入地思考这一问题。

**3. 以用户情感投入为依托的归属感建立机制**

除了考虑用户投入的成本之外，平台企业必须关注用户心理层面的软性因素，协助用户对生态系统建立归属感，这些拥有强大归属感的用户会自发地表达自己对平台的钟爱之情，这种表达不但能够避免用户离开生态系统，也会成为进一步引爆网络效应的诱因。本章认为唤起用户归属感的核心手段就是赋予他们权限，让他们意识到自己能够对身处的环境产生影响，建立起自己珍视的身份，进而使他们对生态系统产生强烈的吸附力，并主动或潜移默化地影响其他用户加入其中。

以苹果公司为例，它的成功不仅来源于硬件产品的美轮美奂，App Store、iTunes等平台生态系统的存在实质上是其成功的核心因素。这些生态系统汇聚了数以亿计的软件开发商和用户，当开发商研发的软件被用户下载，且下载次数在排行榜上名列前茅时，他们会深感自己的创意被社会所认同，这种认同感在给开发商带来收益之余，也会驱使他们对于苹果公司的价值主张产生强烈的共鸣，此时，他们会更加深入地陷入生态系统中。用户们通过行动参与和自我决策选择各类软件，将冷冰冰的硬件产品装点成具有个性化的“宠物”，这些“宠物”蕴含着用户的感情、体现了用户的喜好、象征着用户引以为豪的身份，由此使得用户对生态系统产生强大的依恋情结，这种情结诱导他们长期栖息其中，并与他人主动分享自己的体验，这在无形之中为更多用户加入生态系统提供了切入点。

起点中文网也是通过唤起用户归属感实现可持续发展的典型。“留言板”“投月票”“投推荐票”“催更”“打赏”等机制让读者能够在某种程度上影响作家的创作激情，主导作家的创作方向，甚至影响故事的情节；“我要分享”机制能够让读者将自己感兴趣的作品分享到人人网、开心网、新浪微博等社交平台上，通过自己的推荐扩大作品的影响力，引起更多用户的关注；“粉丝积分”机制根据读者的参与程度将其分为不同的等级，把读者的归属感以系统化的方式呈现出来；对于作者群体而言，“作品排名”“本书荣耀”等机制刺激了他们的竞争心态，使作者想方设法地融入生态系统中，努力发掘读者的诉求。起点中文网通过种种机制赋予了用户在纸质文学时代未曾拥有的权限，提升了他们的归属感，为网络效应的持续引爆提供了基础。

**4. 服务流程创新**

当平台生态系统发展至“成熟期”时，各类用户相继涌现，他们对于服务提供的流程、服务接触的方式均有各自的偏好，众口难调，平台企业可以应用服务流程创新解决此问题，在网络环境下服务流程创新通常由技术驱动。为了给用户提供便捷的服务，中国银行于 1998 年推出了网上银行服务，若将中国银行网上银行视为一个开放式平台，那么各类投融资用户构成了它的各个边，经过十几年的发展，这一平台聚拢了大量客户，迈入了“成熟期”。随着市场竞争的加剧，尤其是以服务费用低廉为特征的城市商业银行的异军突起，导致中国银行网上银行的用户开始流失。考虑到以智能手机为代表的移动终端在当今社会已经相当普及，甚至变成了人们的“玩具”，中国银行网上银行的操作终端不再局限于电脑，智能手机也被纳入其中，这一转变对中国银行的服务流程进行了创新，提高了服务的便捷性，为顾客办理业务的方式增添了选项，迎合了顾客偏好随时代特征而变迁的趋势，可以减少“僵尸用户”的出现及顾客的流失，保持了生态系统的稳定性。

### 3.4.5　不确定期

在“成熟期”内，平台生态系统的实际规模呈萎缩态势，3.4.4 节阐述的四种机制对于这种态势具有缓解作用，但是“缓解”并不意味着“逆转”，它们仅能为平台企业提供缓冲、思考、调整及蓄势待发的时间，在“不确定期”中，平台企业必须开拓赢利渠道，提升竞争能力，由此才能推动平台生态系统沿着图 3-2 中的 A 走向发展，实现二次爆发（孟昌和翟慧员，2013）。

### 1．以兼并互补平台为核心的赢利渠道开拓机制

eBay 是通过兼并互补平台获得二次爆发的典型。eBay 成立于 1995 年 9 月，是一家网上拍卖公司，它创建的生态系统包含拍卖者和购买者。起初 eBay 发展很快，但拍卖毕竟不是市场交易的主流，只是一个利基市场（Niche Market），网上支付安全问题也一直未能解决，因此，eBay 的增长速度很快便下降，它的股价在狂升一段时间后也开始下行，此时，eBay 面临着“不确定期”中关乎生死存亡的抉择。在此背景下，网上支付平台 PayPal 应运而生，PayPal 连接了商户和消费者，以第三方的角色保证了网上支付的安全，它从中收取手续费，获得利润。PayPal 于 2002 年 4 月上市，eBay 在 2002 年 10 月以 15 亿美元将其收购，当时 PayPal 一年的收入仅有 2 亿美元。这看似吃亏的策略却为 eBay 带来了巨大的转机，PayPal 不但作为 eBay 拍卖平台生态系统的补充解决了支付安全问题，帮助其聚拢了人气，而且作为一个单独的平台，PayPal 还可以为其他网上交易者提供在线支付服务，由此构建起一个连接了更广泛的商户和消费者的在线支付平台生态系统，给 eBay 带来了巨额的利润。eBay 收购 PayPal 后，股价由下降转为上升，现在已成为覆盖全球多个国家的在线拍卖及购物平台，2012 年商业交易量达 1750 亿美元，净营收达 141 亿美元。截至 2013 年，PayPal 已经支持超过 190 多个国家和地区，成为全球最大的在线支付提供商。可以说，eBay 兼并 PayPal 不但为已有业务的发展铺平了道路，同时也开拓了新的赢利渠道（谢德荪，2012）。

### 2．以商业模式创新为核心的赢利渠道开拓机制

商业模式创新涉及成本结构、收入、利润获取方式等方面的实质性改变，也会伴随组织方式、管理流程及组织间合作方式的调整。平台企业可以考虑通过创建多环生态系统实现商业模式创新，开拓多种赢利渠道，使前期积累的用户资源发挥效力，同时摆脱单一生态系统易达饱和的束缚，由此进一步聚拢人气。腾讯在成立初期通过免费社交软件 QQ 逐渐积累起人气，当 QQ 的用户数量达到某一峰值时，腾讯开始思考如何以这一庞大的用户群体为基础，构建起多环生态系统，从而将触角延伸至更多的领域，并从中获利。在这一策略的指导下，大量以 QQ 为中心的附属

平台应运而生，例如，财付通、拍拍、搜搜、QQ 空间、腾讯微博、朋友网、QQ 游戏、QQ 团购、腾讯云平台、腾讯应用中心等，为了使外界用户快捷地接入这些平台，腾讯公司还构建了"腾讯开放平台"，该平台不但为用户接入上述各个平台提供了接口，还统一了运营规则，并提供基础能力，使第三方开发者运用和组装平台接口产生的新应用能够在各个子平台上无障碍的发布，实现了"一点接入，全平台发布"。多环生态系统的构建为腾讯带来了单一平台无法比及的竞争优势，它的用户规模及利润水平也借此攀升。在多环生态系统中，各个子平台具有相对独立的市场、相对独立的利益和相对独立的自主权，这些特征使得平台企业可以考虑采用事业部制组织架构，解决平台企业服务种类和经营项目增多、内部管理很难理顺等问题。

相比较而言，以兼并互补平台为核心的赢利渠道开拓机制侧重整合外部资源，以商业模式创新为核心的赢利渠道开拓机制侧重充分利用自身资源，发掘自身潜能，两者相互补充。

#### 3. 以覆盖对手利润池为核心的竞争策略

上述两种机制为平台企业全面开拓了赢利渠道，平台企业乃至整个生态系统都可以从中获得丰厚的回报。从更加宽泛的角度讲，网络环境下各个生态系统的联系十分紧密，在生态系统中居于领导地位的平台企业无法脱离其他参与者独立生存，所以竞争在所难免。多环生态系统的建立使得平台企业的触角深入至市场的多个领域，这也为其提供了多样化的利润来源。为了击败竞争对手，抢占更多的市场份额，平台企业可以对竞争对手主要利润来源领域实施低价或免费策略，覆盖他们的利润池，降低他们对市场的掌控度。这种覆盖可以发生在同类平台企业间，如优酷网与土豆网，也可以发生在看似不相干的平台企业间，如腾讯与 360，可以说，网络环境下平台企业遭遇的威胁来自四面八方，但它们参与竞争的策略也是形式各异，平台企业应想方设法地在竞争中脱颖而出，将平台生态系统推至"二次引爆点"。

### 3.4.6　二次爆发期和新一轮生命周期

"二次爆发期"的到来意味着平台生态系统又一次进入了高速发展阶段，并由此开启了新一轮生命周期。平台企业可以借鉴第一轮生命周期的运营策略，并结合第二轮生命周期中用户规模持续增长、服务类别繁多、赢利渠道分散等特点，对这些运营策略进行改进和升级，权宜应变地利用前期积累的经验，以“利益共担、价值共享”为基本理念，保持平台生态系统的可持续发展。由于第二轮生命周期的运营策略以第一轮生命周期的运营策略为蓝本，两者具有较大的重复性，所以不再展开论述。

## 3.5 研究结论

### 3.5.1 研究结果

以组织网络和信息网络为核心的网络环境赋予了整个时代新的特征，平台企业虽然自古便有，但在网络环境下得到了长足的发展，立足恰当的视角对网络环境下平台企业的运营策略进行系统剖析是一个亟待解决的问题。本章借鉴学术界立足于供应链的视角探讨制造型企业运营策略的研究思路，以平台生态系统的生命周期为基点，构建了生命周期曲线，系统分析了生命周期的关键节点、不同阶段的特征，在此基础上提出了平台企业在生命周期不同阶段中的运营策略，研究结论如表 3-2 所示。

表 3-2　网络环境下平台生态系统的生命周期和平台企业的运营策略

| 阶段 | 阶段起点 | | 阶段终点 | | 阶段特征 | 平台企业运营策略 | |
|---|---|---|---|---|---|---|---|
| | 名称 | 网络效应 | 名称 | 网络效应 | | 基本思路 | 核心策略 |
| 初创期 | 起始点 | 零 | 临界点 | 弱 | （1）生态系统实际规模大于期望规模；（2）网络效应从零开始逐渐增强，但用户无法察觉；（3）生态系统缓慢地扩张 | 简明扼要地表达价值主张，为探索者察觉到生态系统的存在、自发地进入生态系统创造条件 | （1）传统媒体广告；（2）数字化媒体广告；（3）实体店面；（4）实体设备 |

续表

| 阶段 | 阶段起点 | | 阶段终点 | | 阶段特征 | 平台企业运营策略 | |
|---|---|---|---|---|---|---|---|
| | 名称 | 网络效应 | 名称 | 网络效应 | | 基本思路 | 核心策略 |
| 真空期 | 临界点 | 弱 | 引爆点 | 较强 | (1)生态系统实际规模小于期望规模；(2)网络效应持续增强，但不足以吸引潜在用户进入生态系统；(3)生态系统艰难地扩张 | 通过“非网络效应诱因”促使各边群体互动，累积话语权，不断激发网络效应 | (1)单边收费的补贴机制；(2)多边收费的补贴机制；(3)提供开放式能力的孵化机制；(4)提供引导的孵化机制；(5)服务产品创新 |
| 爆发期 | 引爆点 | 较强 | 成熟点 | 强 | (1)生态系统实际规模大于期望规模；(2)网络效应成为吸引潜在用户进入生态系统的主要诱因，并继续快速增强；(3)生态系统飞速地扩张 | 利用“网络效应诱因”，扩张生态系统规模，同时解决生态系统在前期粗放式成长中以及进入“爆发期”后暴露出的问题，并培养服务创新能力 | (1)市场细分机制；(2)保持生态系统延展性机制；(3)依托客观规则的用户过滤机制；(4)依托用户相互监督的用户过滤机制；(5)依托平台企业主观判断的用户过滤机制；(6)服务创新能力培养机制 |
| 成熟期 | 成熟点 | 强 | 平稳点 | 强 | (1)生态系统实际规模小于期望规模；(2)网络效应呈倒“U”形变化，且不再是吸引潜在用户进入生态系统的主要诱因；(3)生态系统扩张至某一峰值后开始萎缩 | 扩大生态系统的社会影响力，留住前期积累的重要资源——用户，保持稳定性，为平台企业缓冲、思考、调整以及蓄势待发提供时间 | (1)以社会服务为依托的影响力扩大机制；(2)以用户成本投入为依托的绑定机制；(3)以用户情感投入为依托的归属感建立机制；(4)服务流程创新 |
| | | | 分流点 | 强 | | | |

续表

| 阶段 | 阶段起点 | | 阶段终点 | | 阶段特征 | 平台企业运营策略 | |
|---|---|---|---|---|---|---|---|
| | 名称 | 网络效应 | 名称 | 网络效应 | | 基本思路 | 核心策略 |
| 不确定期 | 平稳点 | 强 | 二次引爆点 | 很强 | （1）生态系统实际规模小于期望规模；（2）网络效应不是吸引潜在用户进入生态系统的主要诱因，且变化趋势不确定；（3）生态系统的发展趋势不确定 | 开拓赢利渠道，聚拢人气，提升竞争能力，将生态系统推至“二次引爆点” | （1）以兼并互补平台为核心的赢利渠道开拓机制；（2）以商业模式创新为核心的赢利渠道开拓机制；（3）以覆盖对手利润池为核心的竞争策略 |
| | 分流点 | 强 | | | | | |
| 二次爆发期 | 二次引爆点 | 很强 | 二次成熟点 | 极强 | （1）生态系统实际规模大于期望规模；（2）网络效应成为吸引潜在用户进入生态系统的主要诱因，并继续快速增强；（3）生态系统又一次进入高速发展阶段 | 第一轮生命周期中“爆发期”运营策略的借鉴与改进 | 以“爆发期”的运营策略为蓝本，结合“二次爆发期”中用户规模持续增长、服务类别繁多、赢利渠道分散等特点，对这些运营策略进行改进并加以应用 |

### 3.5.2 理论贡献

从总体上讲，本章可以做出如下五点贡献：

（1）本章将平台生态系统的实际规模、期望规模作为两个维度，在对其概念进行界定的基础上，基于服务科学、心理学领域的理论分别对两个维度的前因和结果进行了剖析，识别出两条因果链：第一，用户加入或退出平台生态系统→平台生态系统的实际规模（维度一）→平台生态系统的网络效应；第二，外界潜在用户的类别→外界潜在用户的技术准备度→外界潜在用户的风险规避倾向→外界潜在用户的从众倾向→外界潜在用户对平台生态系统的期望规模（维度二）→外界潜在用户对平台生态系统的期望网络效应。这些结论为我们理解两个维度的变化原因和所能带来的结果提供了理论指导，为我们判断两个维度在平台生态系统生命周期中的变化规律，及其取值的相对高低对生态系统的演进有何影响做了理论铺垫，弥补了现有研究的不足。

（2）除上述两个维度外，本章将时间作为一个单独的维度引入生命周期曲线，该曲线分别描述了平台生态系统的实际规模、期望规模随时间变化的规律以及两者之间的关系，对平台生态系统的生命周期进行了系统剖析，解决了现有研究将时间维度剔除于曲线之外、使读者无法系统理解平台生态系统生命周期的弊端，同时，也修正了现有研究默认“随着时间的推移平台生态系统的实际规模与期望规模均在不断上升”的观点，使得平台生态系统生命周期曲线更加系统、精准。

（3）本章借鉴现有文献关于S形曲线的研究成果以及春宇平台生态系统案例的启发，提出了生命周期曲线，并识别出该曲线上的关键节点，同时对各节点的具体内涵进行了剖析，其中，“临界点”和“成熟点”在现有文献中虽然已经被识别，但是学者们并未对它们进行理论阐述，而“起始点”“分流点”“平稳点”“二次引爆点”等却直接被学者们所忽略，由此可见，本章深化了学术界对于平台生态系统生命周期中关键节点的理论认识。

（4）本章通过关键节点将生命周期曲线划分为若干阶段，并从实际规模与期望规模的比较、网络效应的变化趋势、生态系统的发展态势等方面对各阶段的特征进行了阐述，所得结论比现有研究成果更加系统。更为重要的是，现有研究对“成熟期”缺乏明确的命名和理论阐述，同时也未充分考虑平台企业在“成熟期”中面临的“机制完善”与“规模饱和”这一喜忧参半的情境，从而对生态系统在“成熟期”的发展趋势做出不准确的判断，并将其误认为生命周期的最终阶段，忽略了平台企业可能实现二次爆发的“不确定期”，以及由此进入“二次爆发期”、开启新一轮生命周期循环的可能性。本章解决了这些问题，更加系统地对平台生态系统的发展规律进行了分析与归纳，完善了平台生态系统生命周期发展阶段的相关理论成果。

（5）本章借鉴供应链领域的研究思路，采用“立足宏观剖析微观”的方法搭建了网络环境下平台企业运营策略的理论框架，该框架详细阐述了平台企业在其生命周期各发展阶段制定运营策略的基本思路，并指明了核心策略，为学者们了解网络环境下平台企业的基本运营问题、开展后续研究提供了理论铺垫。从方法论上讲，本章也有一定的启发性，即当我们期望研究某一领域的新生问题却无从下手时，可以借鉴其他领域的研究思路，尤其是在纵向或横向上具有关联性的领域。

### 3.5.3 研究展望

本章可以衍生出一系列值得继续探讨的科学问题，笔者在此尝试列举五点，供后续研究者参考。

（1）考虑到本章基于的风险规避视角以及研究团队所能获得的研究资源，笔者在构建生命周期曲线及进行相关分析时，没有对生态系统各边的用户规模进行区分，而是将其总和用平台生态系统规模加以替代，对于各类网络效应也用网络效应加以统称，并一般性地认为“平台生态系统规模的扩大将激发正向网络效应”（详细阐述见本章的注释①）。就现实情况而言，上述约束比较强烈，后续研究可以针对不同的情景，分别考虑生态系统各边规模的变化对于同边或跨边网络效应有何影响，由此对本章的研究结论进行细化及完善。

（2）本章基于实地调研及现有文献的相关观点，构建了平台生态系统生命周期曲线，并依据平台生态系统各阶段的特征提出了平台企业的运营策略，但是所得结论的信度、效度有待实证检验。在后续研究中，可以通过案例研究解决此问题。例如，近期我们对中国网库的典型品类网进行了调研，每个品类网是一个销售单种商品的网络平台，它连接了商家和顾客，关于不同品类网的运营情况，中国网库已积累了海量的数据，因此，我们可以从中选取若干典型的品类网，针对本章的研究结论进行纵向验证性多案例研究。

（3）本章依据平台生态系统各阶段特征提出的平台企业运营策略并非各阶段所独有，由于笔者是对此话题的初步探索，所以旨在指出在各个阶段中占据核心地位的运营策略，事实上，某一阶段的核心运营策略用至其他阶段时可能也会起到辅助作用，后续研究可以将此问题细化，深入探讨处于不同发展阶段的平台企业如何从全局的视角出发，构建出核心运营策略与辅助运营策略相搭配的运营策略体系，进一步完善本章的结论。

（4）本章在进行理论阐述或实例剖析时，多选取双边或三边模式的平台生态系统作为研究对象，后续研究可以探讨本章的研究结论对于多边模式的平台生态系统是否适用？若不适用，需要进行哪些修正？由此不断提高本章研究结论的一般性。

（5）后续研究还可以选取其他参数（如平台企业的销售额或利润）作为生命周期曲线的纵轴变量，在此基础上对生命周期进行阶段划分，并制定平台企业在各阶段的运营策略，将所得结论与本章结论相比较，从不同的角度对本章的话题进行论证。

第 4 章

# 以内容提供商为观测单元的案例研究

## 4.1 服务主导逻辑

### 4.1.1 服务主导逻辑的发展历程

服务主导逻辑根植于资源优势理论（Resources Advantage Theory）（Srivastava et al.，2001）与核心能力理论（Core Competency Theory）（Prahalad and Hamel，1990；Day，1994），它将以知识和技能为代表的操作性资源（Operant Resources）视为核心要素。与那些以自然资源为代表的对象性资源（Operand Resources）相比，操作性资源通常是无形的，但又是动态的、无限的，它们可以对对象性资源发挥作用。

基于操作性资源观，Vargo 和 Lusch 于 2004 年在国际顶级杂志 *Journal of Marketing* 上发表了题为 *Evolving to a New Dominant Logic for Marketing* 的文章，他

们将服务定义为“某实体为了实现自身或其他实体的利益，通过行动、流程和绩效对自身知识、技能等专业化能力的应用”，在此基础上，提出了服务主导逻辑的 8 个基本假设，并对这些假设进行了论证，最终形成了 8 个基本命题，由此搭建了服务主导逻辑的初始理论框架。在随后的研究中，Vargo 和 Lusch 先后 3 次对服务主导逻辑的初始理论框架进行了修正（Vargo and Lusch，2006；Vargo and Lusch，2008；Vargo and Lusch，2016），至今，服务主导逻辑的核心内容体现为 11 个基本命题，具体如表 4-1 所示。

**表 4-1　服务主导逻辑的 11 个基本命题**

| 基本命题 | 具体内容 |
| --- | --- |
| 1 | 服务是交易的根本基础 |
| 2 | 间接交易掩盖了交易的根本基础 |
| 3 | 商品是服务提供的分销机制 |
| 4 | 操作性资源是战略利益的根本来源 |
| 5 | 所有经济都是服务经济 |
| 6 | 价值由多个行动者共同创造，总是包括受益者 |
| 7 | 行动者不能传递价值，但可以参与价值主张的创造和提供 |
| 8 | 服务中心观必然是受益人导向的和关系性的 |
| 9 | 所有社会性的和经济性的行动者都是资源整合者 |
| 10 | 价值总是由受益者独特地用现象学的方法来决定 |
| 11 | 价值共创通过行动者制定的制度和制度安排来协调 |

## 4.1.2　服务主导逻辑的理论脉络

系统分析表 4-1 可以发现，服务主导逻辑的 11 个基本命题实质上分别侧重于解决不同的科学问题，都有各自的核心关注点，而且部分命题的核心关注点具有一定的相似性。据此，我们把这 11 个命题归纳为 5 类，这 5 类命题之间具有逐级递进的逻辑关系（见图 4-1）。

如图 4-1 所示，命题 4 被单独归入第一类命题，这个命题基于操作性资源观阐述了操作性资源与竞争优势问题；命题 1、2、3 被归入第二类命题，这三个命题着眼于市场交易机制问题；命题 6、7、10、11 被归入第三类命题，它们阐明了价值共创模式问题；而命题 5、8、9 被归入第四类命题，它们着重分析了服务生态系统（Service Ecosystem）。

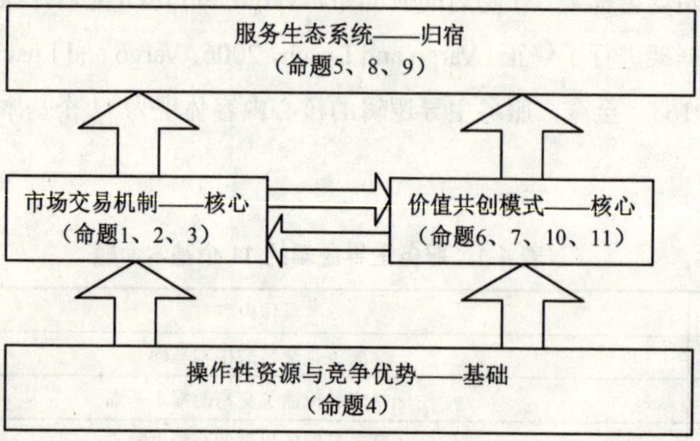


图 4-1　服务主导逻辑的理论脉络

就各类命题在服务主导逻辑理论体系中所处的层次而言，第一类命题是服务主导逻辑的基础，探讨了“资源与竞争优势”这一根本性问题，是操作性资源观的基本体现；第二、三类命题是核心，“市场交易机制”与“价值共创模式”相互影响，直接关系到市场运营的效果，是操作性资源观的延伸；第四类命题是归宿，服务主导逻辑的要义就是把不同参与者的交互空间塑造成“服务生态系统”，并通过不同参与者的互动来不断提高服务生态系统的适应性和可持续性，这是对操作性资源观的进一步拓展。

## 4.2　服务主导逻辑对于网络平台众创的初步解释

在 1.3 节中，我们针对网络平台众创提出了五个问题：①网络环境下平台企业的一般性运营策略是什么？②平台企业构建哪些平台机制？③推动哪些行动者汇聚什么资源？④帮助这些行动者实现什么目标？⑤平台机制、行动者资源汇集与行动者目标达成之间的关系如何？其中，第一个问题在第 3 章中已经得到解决，服务主导逻辑可以对其余四个问题进行初步解释。

第一，服务主导逻辑的基本命题 1 指出“服务是交易的根本基础”，而服务主导逻辑又将服务定义为“某实体为了实现自身或其他实体的利益，通过行动、流程和绩效对自身知识、技能等专业化能力的应用”，基于此，我们可以将各行动者汇聚的资源聚焦为知识资源。

第二，服务主导逻辑的基本命题 6 指出“价值由多个行动者共同创造，总是包括受益者”，意味着我们要关注各行动者之间的协同与互动。

第三，服务主导逻辑的基本命题 9 指出“所有社会性的和经济性的行动者都是资源整合者”，表明我们要关注各行动者之间的知识共享。

第四，服务主导逻辑的基本命题 10 指出“价值总是由受益者独特地用现象学的方法来决定”，意味着各行动者对于价值共创的结果都有着自己的判断标准，也就是说，在价值共创中各行动者都有自己的目标。

第五，服务主导逻辑的基本命题 11 指出“价值共创通过行动者制定的制度和制度安排来协调”，事实上已经印证了“价值共创要由平台机制来协调”。

综合以上分析，我们将网络平台众创定义为“各行动者在平台企业搭建的网络平台中，依托平台机制，形成松散的耦合，从而共享知识，共创价值，在达成各自目标的基础上，推动整个平台生态系统同生共赢和可持续发展的过程”，在此基础上，我们初步给出平台机制、行动者知识共享与行动者目标达成的逻辑图，具体如图 4-2 所示。

基于服务主导逻辑的理论演绎帮助我们初步理清了本书所关注的四个研究问题之间的逻辑脉络，并将研究问题二中各行动者汇聚的资源聚焦至知识资源，但是我们仍然不清楚图 4-2 中具体涉及哪些平台机制，推动哪些行动者汇聚知识资源，最终帮助各行动者实现了什么目标，同时，我们也未能在实证的层面刻画出平台机制、行动者知识资源汇集与行动者目标达成之间的关系，为此，我们首先开展探索性案例研究。

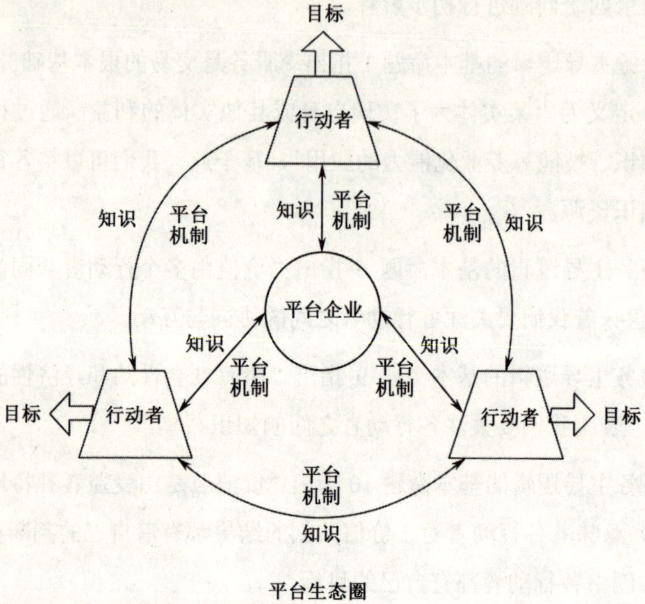


图 4-2　平台机制、行动者知识共享与行动者目标达成的初步逻辑图

## 4.3　研究方法

### 4.3.1　案例选择

根据理论抽样原则（Siggelkow，2007；苏芳和黄江明，2013），本书选择 MM 为案例研究对象。MM 由中国移动发起，隶属于中国移动南方基地（以下简称南方基地），包括 MM 产品室和 MM 运营室两个部门，于 2009 年 8 月正式上线。MM 是全球首个以服务运营商为主导的开放式网络平台，该平台具有多个接入端口，其中，开发者接入端口（http://dev.10086.cn/）和消费者接入端口（http://mm.10086.cn/）最为重要，前者为各类开发者提供技术支持、业务引导和商业服务，后者通过统一的销售渠道，为用户提供手机应用、数字商品等服务产品，满足用户在娱乐、生活、商务等方面的需求，并通过计费通道实现各合作伙伴的互利共赢。从规模上看，MM

已成为全球规模最大的开放式中文网络平台和国内移动互联行业的领跑者。

本书基于 MM 进行案例研究，原因如下：①MM 是由国内公司发起的开放式网络平台，可充分体现中国情境，所得研究结论对我国同类企业具有较强的指导意义；②MM 的主导者是我国最大的电信服务运营商中国移动，其强大的整合能力会推动大量 NSD 项目产生，可以为本章研究提供坚实的数据支撑；③笔者所在课题组与南方基地组建了研究团队，增加了研究的客观性及数据的可得性。

### 4.3.2　数据来源

笔者通过多种途径获取一、二手资料，使得多样化的资料来源得到相互补充和交叉验证，避免了共同方法偏差（Common Method Biases，CMB），确保了案例的构念效度（Yin，2003；李平和曹仰峰，2012）。

一手资料的获取途径包括：①深度访谈。对南方基地总经理、副总经理、综合管理部经理、数据业务运营中心经理，MM 产品室、运营室经理、测试中心、星探工作室工程师、开发者进行深度访谈，共 25 人，访谈内容包括 MM 基本状况、运营策略、研发醒目，在征得被访者同意的前提下进行录音，在访谈结束 24 小时内对录音进行整理，形成访谈记录，共访谈 6 次，每次 2 小时左右；②实地调查。课题组对南方基地进行参观，了解 MM 产品室、运营室的工作现场，重点对数据业务运营中心进行调研，在 MM 测试中心和星探工作室进行短期实习，参加 MM 工作会议，作为顾客体验 MM 的新服务，共历时 20 小时左右；③共同研讨。课题组于 2011 年 11 月 7—8 日举行了“网络环境下的服务设计与创新研讨会”，邀请南方基地综合管理部经理、中国移动广东分公司发展战略部经理、MM 产品室和运营室经理参与课题组研讨，还于 2012 年 7 月 6 日、2013 年 3 月 4 日、2013 年 8 月 16 组织了 3 次小规模研讨会，课题组成员对研究中的疑问与 MM 平台的工程师交换了意见，4 次研讨会总时长约 20 小时。

二手资料的收集途径包括：①从 MM 官网、微博、微信获得的资料。从 MM 消费者接入端口、开发者接入端口、星探工作室的微博、微信等获取材料，主要包括

MM 基本信息、基于 MM 开展的 NSD 活动及评价标准、MM 所含新服务的类型及获取方式、MM 动态信息及各参与者间互动情况等，共 167 篇；②MM 内部资料。从 MM 产品室、运营室获得的材料，包括 MM 商业计划书、开发者指引、开发者合作白皮书、准入测试标准、测试流程、结算手册等，共 110 篇；③从报纸、杂志或网站获得的资料。包括《电脑报》《博客天下》，以及 MM 官方推出的《开发者》《移动互联网周刊》《有数说数》杂志，通过主流网站、论坛搜集自 MM 上线以来的新闻、评论、报告等，共 183 篇。

### 4.3.3 数据分析

案例研究的数据分析与编码是从大量定性数据中提炼研究主题的过程，有用的定性数据与案例研究主题相关，以文字的形式分布在所收集的资料中，一段一定意思表达的文字就是一条条目，把条目按所表达的意思进行归类就是编码（Suddaby，2006）。

本书采用内容编码分析法，由课题组两名成员分别通读一、二手资料后共同完成，具体规则为（张霞和毛基业，2012）：①各条目必须与案例相关且有明确含义；②同一出处中相同或相似的表达只计 1 条条目；③两人编码一致的条目可直接进入条目库，不一致的条目经过小组讨论后才可确定是否进入条目库；④同一条目可以同时从属于不同类别；⑤编码过程中，如果发现前期编码不够确切，或有新的发现，经过小组讨论后可对前期的编码结果进行修正。

## 4.4 研究发现

### 4.4.1 总体研究发现

通过编码发现，NSD 参与者包含 279 条条目，涉及平台企业、内容提供商、能力提供商和新服务体验者 4 个一级维度，内容提供商可细分为个人开发者、企业开发者和软件应用商店，能力提供商可细分为技术能力提供商和运营能力提供商，具体如表 4-2 所示。

**表 4-2　行动者的数据分析与编码结果**

| 类别构面 | 一级维度 | 二级维度 | 典型条目举例 |
|---|---|---|---|
| NSD参与者（PA，279） | 平台企业（PA1，69） | — | 我们（指中国移动）的任务是“搭台”，提供基础设施，吸引大家来参与、来创新，其实真正“唱戏”的时候我们反而退居幕后了 |
| | 内容提供商（PA2，130） | 个人开发者（PA21，45） | 华南理工有个“寂寞哥”，做了个 iPhone 应用，赚了十几万元，做这些东西门槛低，个人开发者在网上一提交，马上就有人用，见效快 |
| | | 企业开发者（PA22，39） | 有些企业专门开发应用，放到 MM 平台上卖，赚取利润，这些开发者的数量虽然没有个人开发者多，但是对于 MM 也至关重要 |
| | | 软件应用商店（PA23，46） | 现在有些外围合作商直接就有现成的服务产品和解决方案，其实它们就是软件应用商店 |
| | 能力提供商（PA3，45） | 技术能力提供商（PA31，23） | 有些技术能力我们（指中国移动）也没有，而且我们自己去搞成本很高，没必要，这个时候外部的技术能力提供者就有了用武之地 |
| | | 运营能力提供商（PA32，22） | 说实话，搞平台，运营的难度大于技术，我们（指中国移动）不可能什么事都自己做，有些事直接外包给其他公司帮我们全权处理 |
| | 新服务体验者（PA4，35） | — | 最终用户通过手机、PC、WWW 网站购买 MM 的新服务产品，是 MM 的使用者和体验者，他们的需求对 MM 的发展起决定性作用 |

注：括号中逗号前的内容代表类别构面或维度的代码，逗号后的内容代表类别构面或维度所含的条目数，“—”代表不存在二级维度。

### 1．平台企业

平台企业在各类参与者中处于统领地位。在本案例中，中国移动作为“搭台者”构建了 MM 平台，MM 平台为各类参与者互通共融、整合资源提供了支点，正如中国移动前任董事长王建宙所言：“中国移动就是在搭建开放的平台，提供基础能力，把各合作方引进来，带动产业链的协同发展。”在此基础上，中国移动又作为“撮合者”通过各种机制引导着各方群体互动，实现资源的优化配置，南方基地综合管理部经理在访谈中反复强调：“我们只做平台，不做服务内容，说白了，我们的工作就是‘撮合’，让正确的人干正确的事。”“搭台者”与“撮合者”的角色使得平台企业能够立足于较高的视角，借助各群体所掌控的资源，顺势推动 NSD 进程。

2. 内容提供商

平台企业“自己不做服务内容”，服务内容来源于其他群体，本书将其称为内容提供商，包含个人开发者、企业开发者和软件应用商店，他们加入平台的目的是提供优质的新服务开发（New Service Development，NSD）项目，获取高水平的 NSD 绩效。

个人开发者通过签订契约参与 MM 平台的 NSD 项目，在 MM 平台出现之前，个人开发者开发的大量新服务内容由于没有适当的合作模式，无法与中国移动的平台对接，只能通过独立网站或第三方客户端免费分发，客户信息安全也无法得到保障，MM 平台的出现降低了合作门槛，将个人开发者纳入新服务内容提供者的范畴，顺应了互联网时代“草根”崛起的特点。

企业开发者具有独立法人资格，他们在遵守国家法律和所属行业法规的前提下，借助中国移动提供的网络通道、运营平台、代计费代收费系统、开发者社区、开发工具、测试认证、客户服务等资源，提供适合手机用户使用的新服务内容，并通过 MM 平台将其推向市场。

在谈到软件应用商店时，王建宙表示：“MM 对所有的应用商店都是开放的”，具体地讲，中国移动采用“店中店”的模式为其他应用商店在 MM 平台上开“品牌店”，各方根据协议分享收益，目前，中国移动与摩托罗拉、三星、法国电信、日本 KDDI、韩国 SKT 已展开战略合作。

3. 能力提供商

平台企业与内容提供商并非具备开展 NSD 所需的所有能力，有时需要能力补给，这些补给来源于能力提供商，具体包括技术能力提供商和运营能力提供商，在此过程中，他们实现了高水平的能力销售业绩。

技术能力提供商与中国移动一起打造了能力聚合、增值和销售的“能力池”，“能力池”对底层复杂的技术实现和业务逻辑进行了抽象，并封装成可供开发者直接使用的应用程序编程接口和软件开发工具包，帮助开发者丰富服务内容，从而打造出面向开发者和技术能力提供者的开放、合作、共赢的移动互联网能力生态系统。

运营能力提供商充分发挥所属领域的资源优势，为 MM 平台的个人开发者、企业开发者及其代理商提供签约、考核、客服、结算、对账等支撑，正如 MM 产品室经理所言：“他们在解决实际问题的时候对我们帮助挺大的，比如说招聘高精尖人才的时候，按照中国移动的薪酬体制，我们给不了那么高，这个是通过他们去解决的，他们财务独立，这样的方式还是能够比较大地降低运营风险，也有一定灵活性，这也是企业到了一定规模之后一种效率与效益博弈的方式。”

### 4．新服务体验者

以开放式网络平台为依托的 NSD 活动涉及多方群体，各方群体加入平台的重要初衷之一就是充分享受网络效应，王建宙曾经指出：“中国移动有近 7 亿用户，只要有 10%的用户使用 MM，那么用户群就有 7000 万户，而 7000 万用户可以吸引海量的开发者加入 MM 平台”，可见，新服务体验者是网络效应的“激发者”。此外，新服务体验者对新服务加以使用后，通过多种渠道提出反馈，例如，在 QQ 群、微信朋友圈、微博、MM 官网的论坛上发表及时评论，参与 MM 平台发起的服务产品质量与用户行为调查，反馈意见，也可以通过 10086 客服对相关问题直接进行投诉，这些反馈可以作为平台企业或开发者提升新服务质量的依据，也为后期的数据挖掘提供了素材，由此来看，新服务体验者又可以被视为新服务质量的“评价反馈者”（Tucker，2010）。

综合以上分析，我们可以将图 4-2 所描绘的“平台机制、行动者知识共享与行动者目标达成的初步逻辑图”深化为图 4-3 的形式。

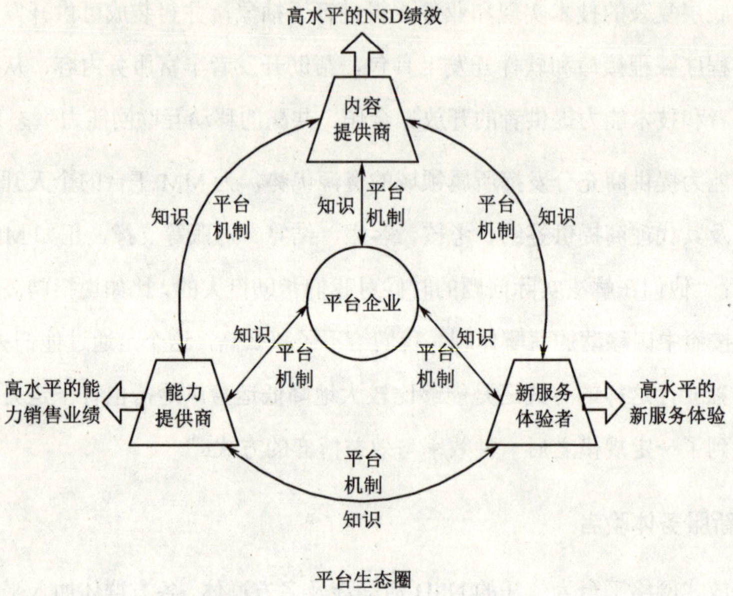


图 4-3 平台机制、行动者知识共享与行动者目标达成的逻辑图

## 4.4.2 内容提供商视角下的研究发现

内容提供商是网络平台众创的重要主体，它的 NSD 绩效如何直接关乎网络平台众创的实施效果乃至成败。因此，我们将内容提供商作为观测单元，进一步探讨哪些平台机制有助于内容提供商从其他行动者处获取知识进而提升 NSD 绩效。

编码后我们发现，平台企业打造了能力提供机制（Capacity-providing Mechanism）、互动机制（Interactive Mechanism）、知识整合机制（Knowledge Integration Mechanism），帮助内容提供商分别从能力提供商、新服务体验者、平台企业身上获取知识，进而提升 NSD 绩效，这三种机制包含七个二级维度，具体如表 4-3 所示。

### 1. 能力提供机制

在访谈中，MM 平台工程师反复强调：“有些能力属于稀缺资源，若非通过特殊渠道，一般参与者不易得到，网络环境下 NSD 活动最大的特点就是平台企业与第三公司一同打造能力提供机制，为每位参与者提供能力。”通过编码可以发现，能力提供机制可细分为两类。

**表 4-3　内容提供商视角下平台机制的数据分析与编码结果**

<table>
<tr><th>类别构面</th><th>一级维度</th><th>二级维度</th></tr>
<tr><td rowspan="7">平台机制（ME，195）</td><td rowspan="2">能力提供机制（ME1，52）</td><td>技术能力提供机制（ME11，22）</td></tr>
<tr><td>运营能力提供机制（ME12，30）</td></tr>
<tr><td rowspan="2">互动机制（ME2，99）</td><td>线上互动机制（ME21，40）</td></tr>
<tr><td>线下互动机制（ME22，59）</td></tr>
<tr><td rowspan="3">知识整合机制（ME3，44）</td><td>历史数据统计分析机制（ME31，17）</td></tr>
<tr><td>实时数据监测发布机制（ME32，14）</td></tr>
<tr><td>精品服务挖掘推荐机制（ME33，13）</td></tr>
</table>

第一，技术能力提供机制：该机制是一个汇聚各种开放式能力的支撑平台，为使用者解决技术层面的问题，实现了对技术能力的可管可控，包括基础工具类能力（如应用内计费能力、远程测试能力）、社交类能力（如 139 社区开放能力、社交网络能力）、基础电信类能力（如定位服务能力、语音识别能力）等。

第二，运营能力提供机制：以开放式网络平台为依托的 NSD 模式参与者众多、过程复杂，运营层面的能力对于各行动者而言至关重要，但有时也难以获得，运营能力提供机制为这一问题的解决提供了路径，它主要提供数据统计类能力（如“有数”平台）、营销推广类能力（如“有推”平台、应用内推广）等，此外，有些运营能力提供商还会为其他参与者提供签约、考核、客服、结算、对账等服务。能力提供机制通过智能资源调配、多业务接入、复杂业务管理、计费体系、终端感知、用户管理等方式，按需传送资源，改变了以往的比特传输模式，使 NSD 的效率迈上新台阶，提高了 NSD 绩效。

### 2. 互动机制

为加强 NSD 各参与者之间的交流，中国移动建立了互动机制。

中国移动为 NSD 的参与者提供了线上交流社区，内设综合讨论区、开发者俱乐部、开放合作服务区、技术讨论区、玩家分享区等模块。此外，中国移动还组建了

QQ 群或微信朋友圈，将各类用户纳入其中，借此渠道，开发者会对服务产品的相关信息进行发布，用户也会对使用服务产品的感受进行反馈，从而推动服务产品的更新换代，或者激发开发者产生更好的灵感。这些互动并非在 NSD 项目完成之后才会发生，它们存在于 NSD 实施的众多环节。

此外，开发者沙龙、创新开放日、“百万青年创业计划大赛”等活动构筑了线下互动机制，它们为各参与者提供了面对面交流的机会，其中，“百万青年创业计划大赛”由中国移动与共青团中央于 2010 年 10 月携手推出，将青年学生和 MM 平台结合在一起，为广大青年提供低门槛、零风险、高回报的创业平台，激发青年创业者的创造性和参与性，推动了 MM 平台新服务产品的推广与普及。华南理工大学一位参与过此项活动的学生表示：“此类比赛能够让我们真刀真枪地与别人比试，如果赢了还有资金支持，比自己待在宿舍里单干更有激情。”

需要指出的是，互动机制不但可以促进内容提供商与新服务体验者之间的跨边交流，也可以帮助各个内容提供商在同边市场中进行沟通，但本书重点关注平台企业构建的运营机制如何帮助内容提供商从跨边市场获取知识，因此，对于内容提供商之间的互动与知识共享不做讨论。

### 3. 知识整合机制

在大数据时代进行创新活动，知识的整合至关重要，它可以为各参与者提供决策支持。中国移动从三个方面构建了“知识整合机制”，分别面向过去、现在和未来。

为了对历史数据进行分析，MM 产品、运营、质量团队会定期发布专题分析报告，他们还创办了《有数说数》《开发者》等杂志，对 MM 平台中的服务产品及运营策略进行深度剖析，为平台各类参与者提供政策性建议，这些措施构成了“历史数据统计分析机制”。

为了获得参与者的实时反馈，中国移动开通了多种渠道，例如，用户使用服务产品后可以对其进行评论，开发者能够在第一时间看到这些信息，从而考虑如何改善服务产品；用户可以通过 10086 等方式对服务产品进行投诉，庞大的客户资源帮助中国移动获得服务产品体验改善的信息；中国移动还会定期开展用户调研，调研内容主要包括用户行为、服务产品质量等；中国移动构建的“有数”平台能够帮助开发者实时监测用户行为，发现服务产品运营或质量方面存在的问题，及时做出反应，以上这些措施构成了“实时数据监测发布机制”。

为了更加清晰地判断服务产品在市场中的走向，保证平台资源的优化配置，中国移动还构建了“精品服务挖掘推荐机制”，这项机制对 MM 平台中精品服务的标准进行了界定，包括良好的操作，精美的画面和音效，具有新颖、喜闻乐见的趣味，实用或丰富的功能，幽默、健康、有特色的剧情和游戏文字等。南方基地的星探工作室以此为标准对精品服务或有潜力的服务进行挖掘，向用户推送推荐信息，或向开发者提出修改建议。

综合以上分析，我们发现：平台企业通过构建能力提供机制、知识整合机制、互动机制，帮助内容提供商分别从能力提供商、平台企业和新服务体验者处获取了知识，进而提升了 NSD 绩效，图 4-4 对这一逻辑脉络进行了描绘。

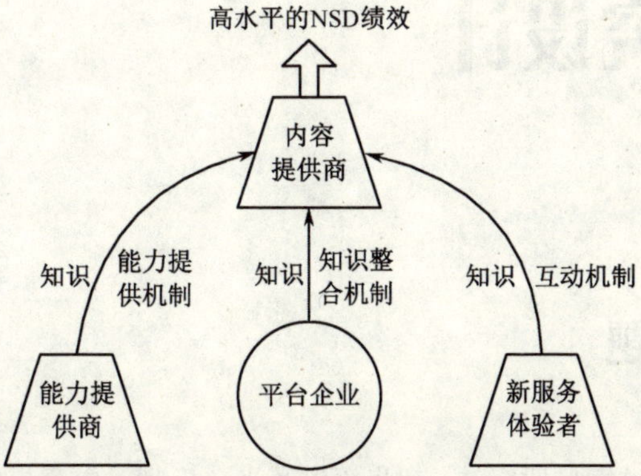


图 4-4　平台机制、内容提供商知识获取与内容提供商 NSD 绩效的逻辑图

# 第 5 章

# 以内容提供商为观测单元的实证研究设计

## 5.1 研究问题

本书第 4 章通过案例研究法，初步探讨了平台机制对内容提供商 NSD 绩效的作用机理，得出了如下答案：①通过能力提供机制、互动机制、知识整合机制；②推动内容提供商聚集能力提供商、新服务体验者、平台企业的知识；③帮助内容提供商提升 NSD 绩效；④平台机制、内容提供商知识获取与内容提供商 NSD 绩效之间的关系（见图 4-4）。

上述发现虽然使我们对研究问题有了初步认识，但其中仍然存在如下问题，需要我们应用更加精准的方法加以解决，由此才能系统地构建内容提供商视角下网络平台众创的理论模型，这些问题包括：①如何对案例研究中发现的三种平台机制进行操作化定义和测量；②各种平台机制对内容提供商知识获取的不同维度有何影响；

③知识获取的不同维度与 NSD 绩效各维度之间有何关系；④在平台机制、内容提供商知识获取与内容提供商 NSD 绩效的关系中，是否存在具有重要意义的调节变量，从而使得这一关系模型更具理论内涵和实践指导意义。

## 5.2　相关概念探析

本节对上述研究问题中设计的概念进行探析，由此为实证模型的构建提供铺垫。

### 5.2.1　平台机制

#### 1. 能力提供机制

第 4 章的案例研究表明：内容提供商并非具备开展 NSD 需要的所有能力，有时会从能力提供商处寻求补给，由于网络的动态性、复杂性及结构洞的存在，经常会出现能力供给与需求不匹配、交易成本过高等问题，为此，平台企业构建了以能力聚合、增值、传递为目的的能力提供机制。

首先，该机制与技术能力有关，它对能力提供商的底层复杂技术和应用逻辑进行抽象，封装成可供内容提供商直接使用的模块，并通过网络平台传递给内容提供商。虽然这一现象出现在当今的网络平台情境，但是在用户创新领域中存在与之相关的理论积累。早在 20 世纪 70 年代，Hippel 就开始对组织外部创新源展开研究，用户这一创新源受到了最为广泛的关注。Hippel 发现：用户的需求信息是复杂的、微妙的、充满黏性的，转移成本很高，因此，许多公司不再去深入理解用户的需求，而是向他们提供工具，由此将某些任务转交给用户，从小改进到大创新，都可以由用户完成，这些界面友好的工具组成一个工具包，被称为“创新工具箱”（Toolkits for Innovations）（Hippel and Euchner，2013）。Hippel（2005）指出，一个有效的创新工具箱应具备五种特征：①使用户能够通过试错（Trial and Error）完成反复循环的干中学（Learning by Doing）；②能够为用户提供一个合适的问题解决空间；③界面友好，用户不需要额外的培训就能对其操作；④包含常用的标准化模块；⑤能够确保用户所设计的产品和服务不需要经过修改就可以在指定的系统中生产出来。

其次，能力提供机制还与运营能力有关，它根据内容提供商的需求，汇聚了在签约、考核、客服、结算、对账等方面具有特殊优势的能力提供商，他们通过与内容提供商联合制定并合作完成共同目标，帮助内容提供商解决 NSD 过程中出现的运营问题。综观现有文献，鲜有学者对这一现象进行探讨（Goduscheit and Jørgensen，2013），但是前期案例研究的发现为我们理解运营能力提供了依据，根据运营能力的特征，笔者将其界定为“镶嵌在能力提供商经验和背景之中的、关于 NSD 运营方面的知识，需要通过能力提供商与内容提供商联合制定并合作完成共同目标，才能进行传递”。

**2. 互动机制**

第 4 章的案例研究表明：新服务体验者使用新服务后可以获得最直接的体验信息，这些信息对于内容提供商确定创新目标、制定创新策略具有重要意义，因此，平台企业搭建了互动机制，为内容提供商与新服务体验者之间进行沟通提供了媒介，该机制主要体现为线上社区的形式（如综合讨论社区、玩家分享社区），有时也包含线下交流（如创新开放日、创新沙龙）。

在用户创新领域中存在与互动机制相对应的概念，这一概念被称为“创新社区”（Innovation Communities）（Hippel，2005）。创新社区被理解为“由个体和公司组成的有目的的连接，这些个体和公司通过线上社区、面对面交流或其他沟通方式发生联系，由此相互提供支持和信息，共同实现目标，他们还可以从中获得归属感、社会认同感，并积累社会资本”（Bansemir，2013；Parmentier and Mangematin，2014）。Fichter（2009）指出，与其他社交网络相比，创新社区有三个典型特征：①它总是与特定的创新想法或创新项目相关；②在创新过程中所有成员都起到促进作用；③成员合作紧密，类似于团队。学者们对于创新社区能够促进创新观点产生（Wu and Fang，2010），推进问题解决（Wasko and Faraj，2005），达成价值共创（Franke et al.，2008），已经形成了一致的见解。Franke 和 Shah（2003）、Hippel 和 Krogh（2003）、Jeppesen（2005）、Hienerth 等（2014）学者的研究进一步表明，创新社区对于物质产品（如滑雪装备、冲浪装备）和信息产品（如开源软件、游戏）的开发均有促进作用。

需要指出的是，互动机制不但可以促进内容提供商与新服务体验者之间的跨边交流，也可以帮助各个内容提供商在同边市场中进行沟通，这一现象在第 4 章的案例研究中有所体现，在创新社区的文献中也映射出类似的观点（Wang and Li，2013；Paulini et al.，2014；Martínez-Torres，2014），但本书重点关注平台企业构建的运营机制如何帮助内容提供商从跨边群体获取知识，因此，对于内容提供商之间的互动与知识共享本书不做讨论。

### 3. 知识整合机制

平台企业借助自身在平台生态系统中的核心位置，对平台生态系统的整体形势进行洞察与分析，这就使得它拥有关于平台生态系统总体运营形势及未来发展趋势的知识，这些知识对于内容提供商开展 NSD 活动同样十分重要。然而，这些知识比较零乱，散落于平台企业的不同功能单元之中，对于内容提供商而言，散乱的知识往往与其创新目标无法形成良好的匹配，可用性较差。为此，平台企业构建了知识整合机制，具体体现为报纸杂志、专题报告、典型 NSD 项目分析、备忘录、新闻发布会等传播媒介的形式，该机制对散落于平台企业不同功能单元的知识进行提炼与挖掘，为内容提供商能够以自己可以理解的方式获取这些知识提供了途径。

在创新领域的文献中，知识整合机制被定义为“一些正式的流程和结构，它们使得企业便于捕捉、分析、解释和综合关于市场趋势或其他方面的知识”（Ordanini and Parasuraman，2011）。知识基础观指出：与散乱的知识相比，整合性的知识更有助于提升企业的可持续竞争优势（Marinova，2004）。在此视角下，学者们对知识整合机制的功效进行了一系列研究，结论表明：知识整合机制可以帮助企业将自身能力与外界知识更好地结合（Janjua et al.，2013），提高创新效率（Sheremata，2000），创造出成功的新服务项目（De Luca and Atuahene-Gima，2000），推动企业创新绩效的不断改进。该机制还可以帮助企业探索期望获得的知识，更新企业的知识储备，增加企业的知识容量（Jugend and da Silva，2014），从而改善企业的创新能力，提升企业的竞争优势（Zahra and Nielsen，2002）。

### 5.2.2 知识获取

本书关注的是内容提供商从平台生态系统的其他参与者处获取知识，属于外部知识获取（Knowledge Acquisition）范畴，学术界将外部知识获取理解为“企业理解、吸收、使用外部知识的过程，这些知识已经存在并被合作伙伴所掌握着”（Holsapple and Singh，2003）。

进一步讲，企业通常能够接触到多个外部知识源（Tzabbar et al.，2013），不同知识源储备知识的能力与思路存在差异，由此导致企业从各个知识源获取的知识也会有所不同（Foss et al.，2013），因此，学者们应对企业从不同知识源获取的知识进行分类，不能混为一谈，由此才能避免研究边界不清、研究结论不精准等问题（McEvily and Marcus，2005）。如图 4-4 所示，内容提供商借助能力提供机制、互动机制、知识整合机制，从能力提供商、新服务体验者、平台企业三个知识源获取知识，第 4 章的案例研究表明，这些知识分别与技术和运营、新服务体验、平台生态系统总体运营形势和未来发展趋势相关，因此，本书依据知识源的不同将内容提供商知识获取分为三大类：①内容提供商获取能力提供商的知识；②内容提供商获取新服务体验者的知识；③内容提供商获取平台企业的知识。

从另一个角度讲，根据能否用正式和系统的语言对知识进行编码和传输，可以将知识分为显性知识（Explicit Knowledge）和隐性知识（Tacit Knowledge）（Lamberts and Shanks，2013），Inkpen（2000）、Dhanaraj 等（2004）指出：有必要从这两个方面对知识获取进行研究，因为知识特征的不同会导致其获取的难易程度和效果存在显著差异（范钧等，2014）。具体地讲，显性知识能够用严格的数据、科学公式、公理、文字等符号明确地表达出来，可以通过正式、系统的语言进行交流和传递，它独立于组织及其成员，容易通过市场和契约安排进行描绘和转移（Grover and Davenport，2001；Yong et al.，2013）。隐性知识则根植于个人的经验和具备背景之中，是异质的、高度个性化的、情景嵌入的和路径依赖的，不能被完全模仿，只能通过密切的沟通和交流，采用观察、隐喻、行为、应用等手段进行传递（Martin and

Salomon，2003；Stieger and Hergovich，2013)。依据这些观点，本书将上文所述的每种类别的知识获取进一步细分两小类，以内容提供商获取能力提供商的知识为例，可以将其细分为：①内容提供商获取能力提供商的显性知识；②内容提供商获取能力提供商的隐性知识。

## 5.2.3 NSD 绩效

学者们通常将 NSD 绩效划分为多个维度，用财务指标（如收益、利润、边际利润等）或其他指标（如销售量、市场占有率等）对其进行测量（Alrubaiee，2013），已经存在一系列与之相关的量表，以这些量表为基础，学者们利用问卷调查法，通过问卷填写者的主观感知对 NSD 绩效进行评价（李雷等，2012a）。

也有少数学者另辟蹊径，依据客观数据评价 NSD 绩效，Ordanini 和 Parasuraman（2011）就是典型代表，他们将 NSD 绩效分为“新服务的数量”（Volume）和“新服务的突破性”（Radicalness）两个维度，前者代表 NSD 的广度（Breadth），后者代表 NSD 的深度（Depth）（“公司所开发的新服务与市场中已有服务的差别，主要体现在这些新服务在市场中的声望和引领性”）。本章借鉴这一观点，依据“新服务的数量”和“新服务的评分”两个维度测量 NSD 绩效，前者可以通过“内容提供商每年开发新服务的数量”进行测量，后者通过“内容提供商每年开发的新服务所获得的平均评分”来测量，在网络平台中，这些评分体现为不同的星级，代表了新服务在市场中的声望、地位和认可度（Berger，2014），与 Ordanini 和 Parasuraman（2011）所关注的“新服务的突破性”具有相同的含义。

本书的目的是构建理论模型，数据采集以及模型验证是后续研究需要完成的工作，因此，笔者拟从网络平台中直接抓取 NSD 绩效的测量数据，通过问卷调查法收集研究模型中其他变量的数据（与 NSD 绩效测量数据相对应的内容提供商为问卷填答者），由此避免了模型中所有变量的数据来自同一源头，可以有效降低 CMB 的发生概率（Podsakoff，2003），这正是笔者借鉴 Ordanini 和 Parasuraman（2011）的观点对 NSD 绩效进行界定的主要原因。

### 5.2.4 调节变量——内容提供商技术准备度、内容提供商任务复杂性

**1. 内容提供商技术准备度**

在案例研究中我们发现：不同的内容提供商对于网络平台运营机制的采纳倾向存在差别，有些内容提供商认为网络平台运营机制对于他们很有帮助，乐意接受，还有些内容提供商则认为这些机制是充满了不确定性的新技术，会带来种种麻烦，比较抵制，这就导致网络平台运营机制对于不同特质的内容提供商知识获取的贡献率存在差异。依据服务主导逻辑的命题 9（见表 4-1），我们也可以认为内容提供商是资源整合者，其资源整合的程度不仅取决于平台机制，还与其自身使用平台机制的内部动机相关。基于此，我们把“技术准备度”——这一在网络服务背景下提出的、能够充分反映内容提供商在技术采纳方面特质的变量引入本研究（Parasuraman，2000），作为网络平台运营机制与内容提供商知识获取之间的调节变量进行探讨，由此使得本研究的理论模型更加深刻地凸显实际问题。

依据 Parasuraman（2000）的观点：“技术准备度是指人们主动采纳并利用新技术去实现生活或工作目标的一种倾向”，它反映了一种完整的精神状态，这种精神状态源于那些可以决定人们新技术采纳素质的精神使能因子和抑制因子所构成的心理完形（Chen et al.，2014），与人们操控技术的能力无关（Walczuch et al.，2007），在一定时间内是稳定的（Zhu et al.，2007）。Parasuraman（2000）将技术准备度划分为乐观性（optimism）（认为技术使人们在生活中具有更强的控制力、柔性和效率）、创新性（innovativeness）（认为自己倾向于成为新技术的倡导者与新思潮的引领者）、不适性（discomfort）（感觉无法有效操控技术且经常受其困扰）、风险性（insecurity）（对技术缺乏信任，对其能否妥善完成工作存有疑虑）四个维度，其中，乐观性和创新性是技术准备度的贡献因子，不适性和风险性则是技术准备度的阻碍因子。

**2. 内容提供商任务复杂性**

依据服务主导逻辑的命题 10 可知，平台生态系统中各行动者创造的价值都是情

境价值（Value in Context），情境价值的最终水平不仅取决于参与者资源整合的情况，还与他们所处的情境相关（Vargo and Lusch，2016）。Scherer 等（2015）认为，在基于 ICT 的平台中，一项任务对应一个特定的情境，因此，可以用任务特征，例如，任务复杂性（Task Complexity），来描述情境特征。事实上在第 4 章的案例研究中我们的确发现，内容提供商加入网络平台是为了高效地完成手机应用、数字商品等 NSD 任务，不同的 NSD 任务其复杂程度存在差异，例如，与开发音乐、动漫、杂志、图集相比，开发软件、游戏就更加复杂。综合上述观点，我们将任务复杂性作为一个调节变量引入内容提供商知识获取（相当于服务主导逻辑中的“资源整合”）与内容提供商 NSD 绩效（相当于服务主导逻辑中的“情境价值”的最终水平）的关系之中，由此揭示情境要素对两者关系的影响，给出两者关系的边界条件。

在学术界，任务被理解为“人们为了使自己的工作和生活向前发展而需要完成的活动”（Liu and Li，2012），在此基础上，学者们从两个视角对任务复杂性进行了阐释：多数学者认为，任务复杂性是独立于任务执行者而客观存在的，是任务所含元素及其关系的函数（Wood，1986；Campbell，1988；Bonner，1994；Harvey，1997；Schraagen，2011；Ham et al.，2012）；也有少数学者认为，任务复杂性是一个主观的、相对的概念，它是任务特征和任务执行者特征（先前的知识和经验）相交互的产物，反映了任务执行者的一种心理状态（Brown and Mille，2000）。然而，有学者对主观任务复杂性提出了质疑，Baccarini（1996）指出，虽然不能认为主观任务复杂性是无效的，但它无法为我们提供一个简明且一致的评价标准，Liu 和 Li（2012）强调，主观任务复杂性使任务、任务执行者和环境相互交叉，导致所得成果对于不同种类的任务很难一般化。

参考以上观点，同时考虑到我们已经将与任务执行者特征相关的变量（技术准备度）引入本研究，因此，本研究从客观的视角看待任务复杂性，依据 Campbell（1988）的观点，本研究将任务复杂性定义为“多种路径、多种目标及它们存在冲突的表现特征”，具体体现为：①存在多条潜在路径可以完成任务；②一个任务有多个期望的结果；③实现一种期望的结果和实现另一种期望的结果存在冲突；④潜在的路径和期望的结果无法确定相连。

## 5.3 实证模型

上文对第 4 章案例研究中呈现出的核心概念进行了探析，明确了各概念的内涵、维度，梳理了与之密切相关的理论积累，同时，还将内容提供商的技术准备度、任务复杂性作为调节变量加以引入，在此基础上，我们构建出平台机制对内容提供商 NSD 绩效作用机理的实证模型（见图 5-1），并凝练出三个关键科学问题：①平台机制对内容提供商知识获取的作用机理及其边界条件；②内容提供商知识获取对内容提供商 NSD 绩效的作用机理及其边界条件；③内容提供商知识获取在平台机制与内容提供商 NSD 绩效之间的中介效应。

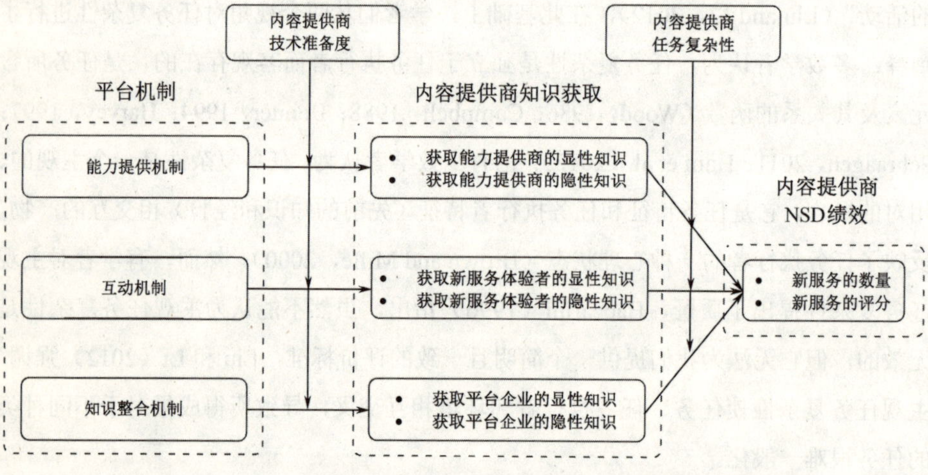


图 5-1　平台机制对内容提供商 NSD 绩效作用机理的实证模型

## 5.4 问卷设计

能力提供机制、互动机制是在平台创新模式下涌现出的新事物，就我们掌握的文献而言，尚未发现有学者对它们直接进行过测量，但是在用户创新领域却存在两个与之类似的概念——创新工具箱、创新社区。我们参照学者们对于创新工具箱（Wang and Li，2013）和创新社区（Franke and Shah，2003；Jeppesen，2005）的测量，同时结合第 4 章案例研究中的发现以及对相关人员的深度访谈，开发能力提供机制、互动机制的量表。依据 Zahra 和 Nielsen（2002）、De Luca 和 Atuahene-Gima（2007）的观点，开发知识整合机制的量表。依据 Dhanaraj 等（2004）、Li 等（2010）对显性知识获取和隐性知识获取进行的测量，综合我们在案例研究中的发现，充分考虑内容提供商从能力提供商、新服务体验者、平台企业这三个知识源获取的知识，分别与技术和运营、新服务体验、平台生态系统总体运营形势和未来发展趋势相关，开发内容提供商从三个知识源获取显性知识和隐性知识的量表。依据 Parasuraman 和 Colby（2015）的观点，开发内容提供商技术准备度的量表。依据 Campbell（1988）的观点，开发内容提供商任务复杂性的量表。上述量表均采用 7 级李克特量表的形式，在开发这些量表的过程中，“回译”（back translation）的方法被反复使用。

内容提供商 NSD 绩效包含“新服务数量”和“新服务评分”两个维度，前者指“内容提供商某年基于某个开放平台开发新服务的数量”，后者指“内容提供商某年基于某个开放平台所开发新服务获得的平均评分”，笔者通过对它们取自然对数进行测量。

此外，我们还调查了问卷填写者的人口统计学信息及其使用开放平台的基本信息，用于描述性统计或作为控制变量。

通过两个步骤对量表进行完善，首先，我们征求了 4 名内容提供商以及服务管理领域 3 位教授的意见，据此，对能力提供机制量表的一个题项、知识整合机制量表的一个题项、内容提供商获取能力提供商隐性知识的一个题项、内容提供商任务复杂性的一个题项进行了修正，此外，我们还仔细斟酌了问卷的布局及问卷引导语的表述，在此基础上，生成初始问卷。其次，我们进行了预测试，收回有效问卷 71 份，依据分析结果，删除了能力提供机制的一个题项，对互动机制的一个题项、内容提供商获取平台企业隐性知识的两个题项以及问卷布局和问卷引导语进行了修正，生成正式问卷（详见附录）。

关于正式问卷，有如下三点需要特别说明：

第一，在实际调研中我们发现，一名内容提供商可能同时使用多个开放平台，为了使他们填答问卷时所提供的信息更加聚焦，问卷引导语明确指出“请仔细回忆，2016 年您所使用的、令您印象最深刻的一个开放平台，据此填答问卷”。

第二，为避免概念模型中所有变量的数据来自同一源头，降低 CMB 发生的概率，我们在问卷引导语中要求调研对象通过主观感知来评价问卷中的测量题项，由此收集内容提供商知识获取、内容提供商任务复杂性的数据。关于内容提供商 NSD 绩效的两个维度：就“新服务数量”而言，内容提供商 2016 年基于某个开放平台所开发新服务的数量在开放平台中有客观的记录；就“新服务评分”而言，内容提供商 2016 年基于某个开放平台所开发的某个新服务的评分，在开放平台中也有客观的记录，这种评分是五星级的，源自新服务体验者，所有新服务评分的平均值即能反映“新服务评分”这一维度所处的水平。针对这些已经客观存在的 NSD 绩效数据，我们会在问卷引导语中，明确要求调研对象从开放平台的页面中直接抓取客观数据，然后填写在问卷上。

第三，通过实地调研和访谈我们发现，内容提供商多以组织的形式呈现，由数个扮演不同角色的个人构成，包括开发人员、设计师、项目经理/产品经理/策划经理、测试人员。开发人员在 NSD 过程中与开放平台的交互最为密切，他们从开放平台获取知识来提升 NSD 绩效的行为十分常见。可以说，开发人员的行为特征与本研究界定的问题及研究内容是最为贴切的，所以，我们选取内容提供商这一组织中的开发人员作为问卷填写者。这一点我们在问卷引导语中也会明确说明。

## 5.5 数据收集

2016 年 10 月至 2017 年 2 月，我们通过三种渠道发放问卷：渠道一：通过与笔者所在团队已经建立合作关系的平台企业发放问卷，我们与这些平台企业的客户关系部经理取得联系，当面向他们讲解研究目的、问卷内容、填写要求，随后请这些经理以平台企业的名义邀请他们的内容提供商填写问卷；渠道二：在前期预研阶段笔者所在团队已经与上海、杭州、广州、深圳等地的内容提供商建立了良好的合作关系，我们选取愿意参与本研究的内容提供商，向他们讲解问卷内容和填写要求，请他们以“滚雪球”的方式协助发放问卷；渠道三：笔者所在团队在平台企业的线上论坛、线上讨论区、开发者俱乐部发出问卷填写邀请，详细介绍研究目的、问卷内容、填写要求，吸引其中的内容提供商填写问卷，对于填写问卷的内容提供商我们会发放 20 元电子购物券以示感谢。笔者所在团队的两名研究生负责跟踪问卷收集进度，积极与各方进行沟通，对于他们提出的问题及时向团队反馈，以便集体讨论，尽早解决。

三种渠道共收回问卷 462 份，渠道一、二、三分别收回问卷 196 份、177 份、89 份；有效问卷 386 份，有效率为 83.55%，渠道一、二、三的有效问卷分别为 179 份、143 份、64 份，有效率分别为 91.32%、80.79%、71.91%。

## 5.6　样本概况

在 386 名有效调研对象中，男性为 223 名，女性为 163 名，表明在内容提供商中男性居多；20～25 岁的为 149 人，占 38.30%，25～30 岁的为 86 人，占 22.28%，可见内容提供商呈现年轻化趋势；有本科学历的为 243 人，占 62.95%，反映出内容提供商具有较高的文化水平；有 220 名调研对象使用了腾讯开放平台、百度开放平台、微信开放平台等当今国内主流开放平台，占 56.99%，这从一个侧面表明我国的开放平台目前呈现出几家独大的局面；有 173 名调研对象使用开放平台的年限为 3 年及以下，占 44.82%，可见开放平台在我国还属于新生事物；有 145 名调研对象表示“经常”使用开放平台，占 37.56%，有 132 名调研对象表示“频繁”使用开放平台，占 34.20%，可见开放平台已经充分融入了内容提供商的工作，对于他们开展 NSD 十分重要。

表 5-1 显示了各变量的均值、标准差、偏度、峰度和 Pearson 相关系数。各变量

之间均正相关，绝大部分 Pearson 相关系数在 0.010 水平上显著，个别 Pearson 相关系数在 0.050 或 0.100 水平上显著，可以认为不存在多重共线性。所有变量偏度的绝对值均未超过 0.862，峰度的绝对值均未超过 1.487，可见调研数据服从正态分布，适合进行回归分析。

表 5-1　变量的均值、标准差、偏度、峰度和 Pearson 相关系数

| | N | H | Z | NX | NY | XX | XY | PX | PY | SL | PF | TR | TC |
|---|---|---|---|---|---|---|---|---|---|---|---|---|---|
| N | 1.000 | | | | | | | | | | | | |
| H | 0.251** | 1.000 | | | | | | | | | | | |
| Z | 0.283** | 0.251** | 1.000 | | | | | | | | | | |
| NX | 0.432** | 0.231** | 0.210** | 1.000 | | | | | | | | | |
| NY | 0.426** | 0.237** | 0.232** | 0.412** | 1.000 | | | | | | | | |
| XX | 0.223** | 0.176* | 0.188* | 0.358** | 0.246** | 1.000 | | | | | | | |
| XY | 0.184* | 0.450** | 0.217** | 0.389** | 0.312** | 0.428** | 1.000 | | | | | | |
| PX | 0.188* | 0.213** | 0.428** | 0.351** | 0.285** | 0.298** | 0.236** | 1.000 | | | | | |
| PY | 0.222** | 0.187* | 0.176* | 0.307** | 0.269** | 0.305** | 0.284** | 0.450** | 1.000 | | | | |
| SL | 0.332** | 0.171* | 0.311** | 0.316** | 0.241** | 0.287** | 0.098† | 0.202** | 0.158* | 1.000 | | | |
| PF | 0.346** | 0.363** | 0.179* | 0.230** | 0.339** | 0.110* | 0.302** | 0.153* | 0.213** | 0.161* | 1.000 | | |
| TR | 0.176* | 0.182* | 0.098† | 0.158* | 0.125* | 0.117* | 0.169* | 0.147* | 0.139* | 0.182* | 0.120* | 1.000 | |
| TC | 0.153* | 0.112* | 0.109* | 0.212** | 0.193** | 0.103* | 0.124* | 0.203** | 0.233** | −0.245** | 0.221** | 0.103† | 1.000 |
| 均值 | 5.171 | 5.302 | 5.412 | 5.131 | 5.008 | 5.169 | 5.178 | 5.245 | 5.106 | 2.741 | 1.335 | 4.153 | 4.897 |
| 标准差 | 0.841 | 0.746 | 0.758 | 0.736 | 0.724 | 0.845 | 0.903 | 0.714 | 0.902 | 0.815 | 0.783 | 0.578 | 0.728 |
| 偏度 | −0.421 | −0.489 | 0.258 | −0.862 | −0.589 | −0.578 | −0.702 | −0.852 | −0.217 | 0.368 | 0.154 | 0.378 | 0.169 |
| 峰度 | 0.691 | 0.582 | 1.075 | 0.685 | 1.487 | 0.856 | 1.328 | 0.698 | 0.587 | 0.259 | 0.377 | 1.321 | 0.698 |

注：表中的 N、H、Z 分别代表能力提供机制、互动机制、知识整合机制；NX 和 NY 分别代表内容提供商获取能力提供商的显性知识和隐性知识；XX 和 XY 分别代表内容提供商获取新服务体验者的显性知识和隐性知识；PX 和 PY 分别代表内容提供商获取平台企业的显性知识和隐性知识；SL 代表内容提供商所开发新服务的数量，PF 代表内容提供商所开发新服务的评分；TR 代表内容提供商技术准备度；TC 代表内容提供商任务复杂性；Pearson 相关系数采用双尾检验；***为 $p<0.001$，**为 $p<0.010$，*为 $p<0.050$，† 为 $p<0.100$。

# 第 6 章

# 平台机制与内容提供商知识获取的实证研究

## 6.1 实证模型

本章重点探讨平台机制对内容提供商知识获取的作用机理及其边界条件，实证模型如图 6-1 所示。

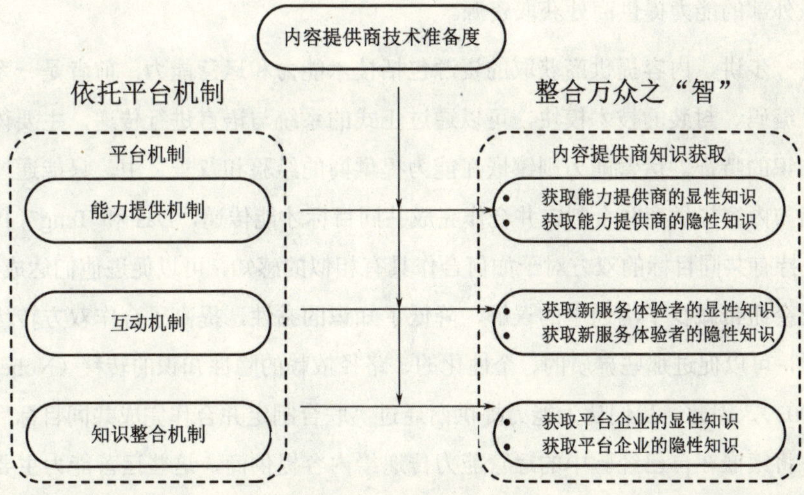


图 6-1 本章的实证模型

## 6.2 理论与假设

### 6.2.1 平台机制对内容提供商知识获取的作用机理

交易成本理论（Transaction Cost Theory）指出，交易的属性对于治理决策具有重要影响，当资产专用性投资（Asset-specific Investments）、不确定性（Uncertainty）、交易频率（Transaction Frequency）较低时，企业倾向于通过市场机制解决问题（Williamson，1991）。具体到平台情境，内容提供商可以通过内部研发获取 NSD 能力，也可以从外部的能力提供商处获取，但这一治理决策取决于交易成本的高低。能力提供机制的存在为交易成本的降低提供了可能，该机制将能力提供商拥有的技术能力封装成可供内容提供商直接使用的模块，并根据内容提供商的需求，引入具有运营优势的能力提供商，这就减少了内容提供商通过内部研发或无引导的外部搜寻来获取这些能力而投入的人力或物理专用性资产，也会降低交易频率，此外，能力提供机制通过契约对能力供给过程中的机会主义行为进行约束，有效地降低了交易的不确定性，这些交易属性使得内容提供商的交易成本处于较低水平，导致其倾向于从外部的能力提供商处获取资源。

进一步讲，内容提供商获取的资源包括技术能力和运营能力，前者是一系列被抽象、编码、封装的技术模块，可以通过正式的系统与语言进行传递，主要体现出显性知识的特征。运营能力则镶嵌在能力提供商的经验和背景之中，只能通过能力提供商与内容提供商联合制定并合作完成共同目标才能传递，Das 和 Teng（1998）指出，持有共同目标的双方对于如何合作具有相似的感知，可以促进他们达成共识，这一社会纽带减少了沟通中的误解，降低了知识的黏性，提高了合作双方转移知识的意愿，可以促进那些异质的、个性化的、路径依赖的隐性知识的转移（Nobeoka et al.，2003），因此，我们认为能力提供商通过“联合制定并合作完成共同目标”这一手段，将镶嵌在自己经验中的运营能力传递给内容提供商，这些运营能力主要体现出隐性知识的特征。因此，可以提出：

假设 1: 能力提供机制对内容提供商获取能力提供商的显性知识和隐性知识均有正向作用。

有学者尝试应用社会交易理论（Social Exchange Theory）解释联盟问题，他们认为：联盟中存在的各种机制为联盟成员的沟通与互动创造了条件，由此提升了他们之间的信任，帮助他们建立起共同的价值观，形成互惠（Reciprocity）行为。所谓互惠行为是指“出于道义，一个人或一个组织有责任在接受以后给予他人或其他组织回报”（Masterson et al.，2000），这一行为可以驱使各成员的资源在联盟中流动与共享，最终产生合作租或关系租。将上述观点置于本研究关注的互动机制，可以做如下分析：互动机制的存在为内容提供商与新服务体验者的交流提供了媒介，由此为他们相互信任并发生互惠行为提供了条件，在内容提供商与新服务体验者的互动中，一方向另一方传递知识，会导致知识的反向回馈，随着往复次数的增加，知识流通、融合的程度也会加深，在此过程中，内容提供商可以不断获取新服务体验者的知识。

进一步讲，基于信任的交互可以使双方形成亲密的关系，双方的互惠行为对这一关系又有持续的巩固作用，这就使得双方愿意共同花费时间，深入地沟通和交流，采用观察、隐喻、行为、应用等手段，促进那些具有黏性的、难以编码的隐性知识高效的传递（Kotabe and Mudambi，2003）。与之相反，显性知识通过直接的手段就可以获得，如纸质文件，亲密的关系对于显性知识的传递是非必需的（Yakubovich，2005），Koka 和 Prescott（2002）指出，一个基于信任的网络更多地传递敏感的、富有内涵的信息，McEvily 和 Marcus（2005）也强调，强关系对于显性知识的传递是多余的。综合以上观点，我们认为互动机制触发了内容提供商与新服务体验者之间的信任与互惠行为，这些因素更有利于内容提供商从新服务体验者处获取隐性知识。因此，可以提出：

假设 2: 互动机制对内容提供商获取新服务体验者的显性知识和隐性知识均有正向作用，对前者的作用弱于后者。

平台企业在平台生态系统中处于核心位置，这就使得它拥有大量关于平台生态系统总体运营形势及未来发展趋势的知识，但是这些知识散落在平台企业的不同功能单元中，通常与内容提供商的创新目标无法形成良好的匹配（Marinova，2004）。知识基础观指出，与散乱的知识相比，整合性的知识更有助于提升企业的可持续竞争优势。为此，平台企业构建了知识整合机制，该机制对散落于平台企业不同功能单元的知识进行捕捉、分析、解释和综合，为内容提供商能够以自己可以理解的方式获取这些知识提供了途径，由此促进了内容提供商对于平台企业的知识获取（Zahra and Nielsen，2002）。

知识整合机制体现为报纸杂志、专题报告、典型 NSD 项目分析、备忘录、新闻发布会等媒介的形式，这些媒介所传递的知识大多经过详细编码，易于存储，可以通过市场或契约进行描绘和转移，路径依赖性不强，更多地体现为显性知识的特征，而传递隐性知识所需的沟通、信任、互惠行为在这一机制中体现得并不明显（Kotabe and Mudambi，2003），因此，可以提出：

假设 3：知识整合机制对内容提供商获取平台企业的显性知识和隐性知识均有正向作用，对前者的作用强于后者。

## 6.2.2 内容提供商技术准备度的调节作用

技术准备度（Technology Readiness）这一概念紧扣信息时代背景，它反映了人们在工作或者日常生活中自发、主动地使用新技术去实现自身目标的倾向（Parasuraman，2000），它实质上是个人的一种内在特质，也可以理解为一种精状态（Chen et al.，2014），与个人操作技术的真实能力没有直接关系，在一定时间段之内，它能够保持稳定（Walczuch et al.，2007）。从构念结构上看，技术准备度包含四个维度，其中，乐观性（Optimism）和创新性（Innovativeness）是贡献因子，不适性（Discomfort）和风险性（Insecurity）属于阻碍因子（Parasuraman，2000）。在本研究的背景下，内容提供商的技术准备度越高，意味着他主动采纳并利用以信息通信技术为支撑的平台机制去实现 NSD 目标的倾向越强，这种倾向反映了内容提供商的一种内在特质，与其 NSD 能力无关。

技术准备度代表了个人对技术所持的基本观点，通常是稳定的、不易变化的，可以引导个人剖析和整合数据，还可以提高个人驾驭技术的能力（Kang et al., 2006）。当技术准备度处于较高水平时，内容提供商主动采纳并利用以信息通信技术为支撑的平台生态系统机制去实现 NSD 目标的倾向就越强，在此背景下，他们会认为平台生态系统机制使得他们在 NSD 过程中具有更强的控制力和效率，并认为自己倾向于成为新技术的倡导者与新思想的引领者，不会经常受到技术的困扰，对平台生态系统机制能够妥善地帮助其完成 NSD 任务充满信心。这些内部动机可以促使内容提供商充分挖掘平台生态系统机制的功能，从而提升平台生态系统机制对于内容提供商知识获取的贡献率。

还可以依据认知资源理论（Cognitive Resources Theory）（彭聃龄，2012）以及 Zhu 等（2007）的研究做出相同的推测。认知资源理论认为，个人与技术进行互动时需要承担一定的认知阐述，并为此付出认知资源，互动的频率越高、程度越深，付出的认知资源也就越多。Zhu 等（2007）的研究表明：技术准备度与个人在信息加工中能够投入的认知资源正相关。就本研究关注的问题而言，具有高水平技术准备度的内容提供商，拥有大量的认知资源，这就为他们与以信息通信技术为支撑的平台生态系统机制进行互动，完成相应的认知阐述创造了条件，从而帮助他们深入地理解、挖掘各种机制的特性和功能，由此提升平台生态系统机制在内容提供商知识获取中的作用。综合以上分析，可以提出如下一组假设：

假设 4: 内容提供商技术准备度在能力提供机制对内容提供商获取能力提供商显性知识和隐性知识的影响中发挥正向调节作用。

假设 5: 内容提供商技术准备度在互动机制对内容提供商获取新服务体验者显性知识和隐性知识的影响中发挥正向调节作用。

假设 6: 内容提供商技术准备度在知识整合机制对内容提供商获取平台企业显性知识和隐性知识的影响中发挥正向调节作用。

## 6.3 数据分析

本书5.4节和5.5节已经对问卷设计、数据收集过程进行了阐述，此处不再赘述，仅展示数据分析过程。

### 6.3.1 数据质量评估

通过方差分析判断来自不同渠道的数据是否存在显著差异，方差分析的结果表明，所有变量的$p$值都在0.100以上，可见，数据采集渠道对数据没有显著影响。

为检验无应答偏差（Non-response Bias），我们将386份有效问卷一分为二，30天之内（含30天）收回的样本为233份，30天之后收回的样本为153份，t检验结果显示：开放平台使用信息、个人基本信息在两组样本中不存在显著差异，$p$值都在0.100以上，所以，无应答偏差（Non-response Bias）在本研究中不显著。

通过两种方法判断CMB，首先，未旋转的主成分分析提取出了11个特征值大于1的因子，同时，这些因子中没有哪个因子对于大部分方差具有良好的解释力，所以我们初步判断CMB本研究中不显著。为了保证结果的准确性，我们还采用了控制非可测潜在因子影响法，所有题项在一个因子上负载，所得模型的拟合结果为：$\frac{\chi^2}{df}=6.459$，RMSEA=0.098，NFI=0.487，CFI=0.505，GFI=0.571，AGFI=0.542，结果表明此模型无法接受。与此同时，我们又构建了一个不包含CMB的模型，其拟合结果为：$\frac{\chi^2}{df}=2.001$，GFI=0.906，AGFI=0.928，NFI=0.943，CFI=0.918，RMSEA=0.041，可以看出，这一匹配度高于上一个模型，所以，CMB不显著。

### 6.3.2 探索性因子分析

进行信度分析之前，首先进行探索性因子分析（Exploratory Factor Analysis ，

EFA）。对于因子的提取，我们采用主成分分析法以及最大方差旋转法，因子的个数取决于其特征值是否大于1。分别对平台机制、内容提供商知识获取、内容提供商技术准备度进行EFA。

如表6-1、表6-2和表6-3所示：对平台机制进行EFA，抽取出了3个特征值大于1的因子，对应能力提供机制、互动机制、知识整合机制，累积解释方差58.100%，且没有出现题项跨因子；对内容提供商知识获取进行EFA，抽取出了6个特征值大于1的因子，对应内容提供商从3个外部知识源获取的显性知识或隐性知识，累积解释方差79.783%，且没有出现跨因子；对内容提供商技术准备度进行EFA，抽取出了4个特征值大于1的因子，对应内容提供商技术准备度的4个维度，累积解释方差59.736%，且没有出现跨因子。综合以上分析，可以通过EFA检验。

表6-1　对平台机制进行EFA的结果

| 测量题项 | 因子载荷 | | | CITC | Cronbach' α 系数 |
|---|---|---|---|---|---|
| | N | H | Z | | |
| N1：开放平台中的工具界面友好，我不需要接受额外的培训就能操作它们 | 0.826 | 0.105 | 0.117 | 0.648 | 0.826 |
| N2：开放平台中的工具包含标准化的模块 | 0.831 | 0.056 | 0.006 | 0.624 | |
| N3：开放平台中的工具可以帮助我解决应用在风格、外观、内容等方面涉及的技术问题 | 0.789 | 0.307 | 0.256 | 0.603 | |
| N4：开放平台中的工具可以帮助我解决应用在引入平台、投放市场以及营销推广时遇到的运营问题 | 0.791 | 0.137 | 0.111 | 0.714 | |
| N5：开放平台中的工具为我提供了一个问题解决的空间 | 0.808 | 0.082 | 0.019 | 0.723 | |
| N6：开放平台中的工具可以使我通过试错不断地学习 | 0.699 | 0.283 | 0.239 | 0.699 | |
| H1：开放平台建立的线上交流社区和线下沙龙，可以帮助我了解用户对于应用的体验 | 0.209 | 0.769 | 0.156 | 0.637 | 0.808 |
| H2：当我遇到问题时，我确切地知道应该通过线上交流社区或线下沙龙向哪些用户征求意见 | 0.287 | 0.825 | 0.212 | 0.728 | |
| H3：在线上交流社区或线下沙龙中，我能够从用户那里获得有价值的观点 | 0.192 | 0.804 | 0.148 | 0.651 | |
| H4：在线上交流社区或线下沙龙中，我认识那些有能力对我开发的应用做出真实评价，并给出有效建议的用户 | 0.185 | 0.717 | 0.067 | 0.606 | |
| H5：在线上交流社区或线下沙龙中，用户经常与我谈论一些热门的应用 | 0.173 | 0.668 | 0.301 | 0.597 | |

续表

| 测量题项 | 因子载荷 | | | CITC | Cronbach' α 系数 |
|---|---|---|---|---|---|
| | N | H | Z | | |
| Z1：开放平台会定期出版报纸或杂志 | 0.155 | 0.171 | 0.866 | 0.574 | 0.819 |
| Z2：开放平台会定期发布正式的报告或备忘录 | 0.188 | 0.112 | 0.851 | 0.625 | |
| Z3：开放平台会定期举办信息共享活动 | 0.155 | 0.201 | 0.853 | 0.684 | |
| Z4：开放平台会定期对失败的应用进行正式分析 | 0.099 | 0.172 | 0.827 | 0.652 | |
| Z5：开放平台会定期对成功的应用进行正式分析 | 0.152 | 0.208 | 0.829 | 0.721 | |
| 特征值 | 3.422 | 2.756 | 2.463 | | |
| 累积解释总方差（%） | 58.100 | | | | |

注：表头中的 N、H、Z 分别代表能力提供机制、互动机制、知识整合机制。

表 6-2 对内容提供商知识获取进行 EFA 的结果

| 测量题项 | 因子载荷 | | | | | | CITC | Cronbach'α 系数 |
|---|---|---|---|---|---|---|---|---|
| | NX | NY | XX | XY | PX | PY | | |
| NX1：在开放平台中，我能够独立获得关于应用设计的文档 | 0.632 | 0.320 | 0.182 | 0.118 | 0.192 | 0.212 | 0.488 | 0.802 |
| NX2：在开放平台中，我能够独立获得关于应用编程的文档 | 0.598 | 0.213 | 0.329 | 0.106 | 0.088 | 0.197 | 0.517 | |
| NX3：在开放平台中，我能够独立获得关于应用开发流程的文档 | 0.567 | 0.375 | 0.319 | 0.208 | 0.111 | 0.205 | 0.563 | |
| NX4：在开放平台中，我能够独立获得关于项目管理技巧的文档 | 0.743 | 0.300 | 0.210 | 0.162 | 0.133 | 0.174 | 0.608 | |
| NY1：在开放平台中，通过沟通和交流我能够获得关于应用设计的经验分享 | 0.205 | 0.664 | 0.231 | 0.108 | 0.112 | 0.131 | 0.633 | 0.768 |
| NY2：在开放平台中，通过沟通和交流我能够获得关于应用编程的经验分享 | 0.253 | 0.587 | 0.182 | 0.216 | 0.155 | 0.063 | 0.626 | |
| NY3：在开放平台中，通过沟通和交流我能够获得关于应用开发流程的经验分享 | 0.359 | 0.701 | 0.218 | 0.222 | 0.177 | 0.225 | 0.561 | |

续表

| 测量题项 | 因子载荷 | | | | | | CITC | Cronbach'α 系数 |
|---|---|---|---|---|---|---|---|---|
| | NX | NY | XX | XY | PX | PY | | |
| NY4：在开放平台中，通过沟通和交流我能够获得关于项目管理技巧的经验分享 | 0.298 | 0.688 | 0.106 | 0.205 | 0.218 | 0.141 | 0.575 | |
| XX1：在开放平台中，我能够独立获得关于用户体验的文档 | 0.160 | 0.197 | 0.769 | 0.296 | 0.210 | 0.195 | 0.488 | 0.751 |
| XX2：在开放平台中，我能够独立获得关于用户偏好的文档 | 0.105 | 0.160 | 0.787 | 0.362 | 0.128 | 0.121 | 0.667 | |
| XX3：在开放平台中，我能够独立获得关于用户建议措施的文档 | 0.118 | 0.284 | 0.795 | 0.224 | 0.177 | 0.101 | 0.526 | |
| XY1：在开放平台中，通过沟通和交流我能够获得关于用户体验的经验分享 | 0.252 | 0.159 | 0.451 | 0.594 | 0.084 | 0.106 | 0.430 | 0.738 |
| XY2：在开放平台中，通过沟通和交流我能够获得关于用户偏好的经验分享 | 0.152 | 0.093 | 0.295 | 0.687 | 0.178 | 0.141 | 0.497 | |
| XY3：在开放平台中，通过沟通和交流我能够获得关于用户建议措施的经验分享 | 0.162 | 0.211 | 0.300 | 0.728 | 0.136 | 0.134 | 0.503 | |
| PX1：在开放平台中，我能够独立获得关于典型应用分析的文档 | 0.174 | 0.237 | 0.050 | 0.157 | 0.748 | 0.201 | 0.659 | 0.811 |
| PX2：在开放平台中，我能够独立获得关于平台阶段性运营形势的文档 | 0.074 | 0.145 | 0.222 | 0.161 | 0.629 | 0.199 | 0.621 | |
| PX3：在开放平台中，我能够独立获得关于平台未来发展趋势的文档 | 0.132 | 0.185 | 0.201 | 0.048 | 0.790 | 0.231 | 0.561 | |
| PX4：在开放平台中，我能够独立获得关于平台文化的文档 | 0.213 | 0.256 | 0.182 | 0.156 | 0.598 | 0.309 | 0.728 | |
| PY1：在开放平台中，通过沟通和交流我能够获得关于典型应用分析的经验分享 | 0.084 | 0.101 | 0.111 | 0.123 | 0.196 | 0.844 | 0.667 | 0.744 |

**续表**

| 测量题项 | 因子载荷 | | | | | | CITC | Cronbach'α系数 |
|---|---|---|---|---|---|---|---|---|
| | NX | NY | XX | XY | PX | PY | | |
| PY2：在开放平台中，通过沟通和交流我能够获得关于平台阶段性运营形势的经验分享 | 0.199 | 0.163 | 0.132 | 0.152 | 0.213 | 0.717 | 0.605 | |
| PY3：在开放平台中，通过沟通和交流我能够获得关于平台未来发展趋势的经验分享 | 0.226 | 0.123 | 0.154 | 0.088 | 0.263 | 0.749 | 0.582 | |
| PY4：在开放平台中，通过沟通和交流我能够获得关于平台文化的经验分享 | 0.185 | 0.163 | 0.125 | 0.104 | 0.257 | 0.637 | 0.551 | |
| 特征值 | 3.939 | 3.108 | 2.757 | 2.742 | 2.437 | 2.364 | | |

注：表头中的NX和NY分别代表内容提供商获取能力提供商的显性知识和隐性知识；XX和XY分别代表内容提供商获取新服务体验者的显性知识和隐性知识；PX和PY分别代表内容提供商获取平台企业的显性知识和隐性知识。

**表6-3　对内容提供商技术准备度进行EFA的结果**

| 测量题项 | 因子载荷 | | | | CITC | Cronbach'α系数 |
|---|---|---|---|---|---|---|
| | INN | OPT | INS | DIS | | |
| OPT1：新技术有助于提高生活质量 | 0.121 | 0.722 | −0.019 | −0.016 | 0.628 | 0.752 |
| OPT2：技术给我更多的移动自由 | 0.098 | 0.699 | 0.028 | −0.117 | 0.614 | |
| OPT3：技术使人们更加自如地掌控他们的日常生活 | 0.206 | 0.735 | −0.132 | 0.037 | 0.655 | |
| OPT4：技术使我的个人生活更加富有成效 | 0.173 | 0.685 | −0.044 | 0.009 | 0.597 | |
| INN1：别人会针对新技术征求我的意见 | 0.736 | 0.226 | 0.111 | −0.028 | 0.521 | 0.811 |
| INN2：一般来讲，我属于第一批尝试使用新技术的人 | 0.822 | 0.128 | −0.005 | 0.017 | 0.722 | |
| INN3：一般来讲，我可以自己搞清楚如何使用高科技的产品或者服务，无须他人帮助 | 0.751 | 0.153 | −0.019 | −0.037 | 0.657 | |
| INN4：在我的兴趣领域内，我能够跟得上新技术的潮流 | 0.744 | 0.261 | −0.018 | −0.032 | 0.625 | |
| DIS1：当服务提供商给予我技术支持时，有时我会感觉到自己被他们利用了 | −0.071 | −0.119 | 0.054 | 0.703 | 0.587 | 0.736 |
| DIS2：服务人员所用的术语我很难理解，所以感觉服务热线对我没什么帮助 | 0.105 | −0.066 | 0.147 | 0.632 | 0.420 | |
| DIS3：普通人通常很难操控信息系统 | 0.062 | −0.043 | 0.051 | 0.688 | 0.521 | |

续表

| 测量题项 | 因子载荷 | | | | CITC | Cronbach'α 系数 |
|---|---|---|---|---|---|---|
| | INN | OPT | INS | DIS | | |
| DIS4：很难找到用通俗语言编写的高科技产品操作指南 | −0.153 | 0.080 | 0.114 | 0.729 | 0.626 | |
| INS1：人们过于依赖技术为自己做事情 | 0.061 | −0.048 | 0.739 | 0.123 | 0.709 | 0.793 |
| INS2：有很多技术会分散人们的注意力，并且到了有害的程度 | −0.221 | 0.055 | 0.682 | 0.090 | 0.682 | |
| INS3：技术减少了人们面对面的交流，从而影响了他们的私人关系 | 0.210 | −0.123 | 0.755 | 0.041 | 0.712 | |
| INS4：仅仅以在线的方式与他人做生意，我感到不放心 | −0.085 | 0.131 | 0.728 | 0.250 | 0.607 | |
| 特征值 | 3.405 | 2.901 | 2.266 | 2.229 | | |
| 累积解释总方差（%） | 59.736 | | | | | |

注：表头中 INN、OPT、INS、DIS 分别代表创新性、乐观性、风险性、不适性，它们是内容提供商技术准备度的四个维度。

## 6.3.3 信度、效度检验

用两个指标评价本研究的信度，首先，就所有变量而言，Cronbach' α 系数的最低值为 0.736，其次，就所有测量指标而言，校正的项总相关系数（Corrected-item Total Correlation，CITC）的最低取值为 0.420，由此可以判断本研究具有良好的信度。

内容效度通过我们对已有文献的分析、开展的深度访谈及预测试来保证。

针对各变量的聚合效度，我们利用验证性因子分析（Confirmatory Factor Analysis，CFA）检验，分三步进行：①对内容提供商技术准备度进行二阶 CFA，所得结果为：$\frac{\chi^2}{df}=3.472$，NFI=0.915，GFI=0.911，IFI=0.947，CFI=0.924，RMSEA=0.066。潜变量平均方差抽取（Average Variance Extracted，AVE）的最低取值为 0.513，因子载荷的最低值为 0.641，可见，内容提供商技术准备度具有良好的聚合效度。②平台机制所对应 3 个变量的一阶 CFA 模型的拟合指标为：$\frac{\chi^2}{df}=2.976$，RMSEA=0.058，

GFI=0.907，CFI=0.920，NFI=0.911，IFI=0.921。因子载荷都不低于 0.623，同时，AVE 也均未低于 0.541，可见，平台机制所对应的 3 个量表均可以通过聚合效度检验。③内容提供商知识获取所对应 6 个变量的一阶 CFA 模型的拟合指标为：$\frac{\chi^2}{df}=4.051$，RMSEA=0.072，GFI=0.920，CFI=0.939，NFI=0.925，IFI=0.941，这些参数表明这个模型可以接受。同时，所以因子载荷均不低于 0.589，所有 AVE 也均不低于 0.520，因此，这 6 个单维变量的量表都可以通过聚合效度检验。

如表 6-4 所示，每个变量 AVE 的平方根都大于这一变量与其他变量的相关系数，由此证明本研究可以通过区分效度检验。各变量之间均正相关，大多数相关系数在 0.010 水平上显著，可以认为多重共线性在本研究中并不显著。另外，所有变量偏度和峰度的绝对值分别低于 0.862 和 1.487，说明通过正式调研收集的数据服从正太分布。

**表 6-4　变量 AVE 平方根与 Pearson 相关系数**

| | N | H | Z | NX | NY | XX | XY | PX | PY | TR |
|---|---|---|---|---|---|---|---|---|---|---|
| N | 0.740 | | | | | | | | | |
| H | 0.251** | 0.736 | | | | | | | | |
| Z | 0.283** | 0.251** | 0.742 | | | | | | | |
| NX | 0.432** | 0.231** | 0.210** | 0.723 | | | | | | |
| NY | 0.426** | 0.237** | 0.232** | 0.412** | 0.735 | | | | | |
| XX | 0.223** | 0.176* | 0.188* | 0.358** | 0.246** | 0.721 | | | | |
| XY | 0.184* | 0.450** | 0.217** | 0.389** | 0.312** | 0.428** | 0.728 | | | |
| PX | 0.188* | 0.213** | 0.428** | 0.351** | 0.285** | 0.298** | 0.236** | 0.731 | | |
| PY | 0.222** | 0.187* | 0.176* | 0.307** | 0.269** | 0.305** | 0.284** | 0.450** | 0.739 | |
| TR | 0.176* | 0.182* | 0.098† | 0.158* | 0.125* | 0.117* | 0.169* | 0.147* | 0.139* | 0.748 |

注：表中的 N、H、Z 分别代表能力提供机制、互动机制、知识整合机制；NX 和 NY 分别代表内容提供商获取能力提供商的显性知识和隐性知识；XX 和 XY 分别代表内容提供商获取新服务体验者的显性知识和隐性知识；PX 和 PY 分别代表内容提供商获取平台企业的显性知识和隐性知识；TR 代表内容提供商技术准备度。对角线上的斜体数据是变量 AVE 的平方根，其他数据为各变量间的相关系数。**为 $p<0.010$，*为 $p<0.050$，† 为 $p<0.100$。

### 6.3.4 假设检验

分步构建回归模型，同时，利用卡方检验比较不同路径作用强度的大小，完成假设检验。

在表 6-5 中，模型 1～模型 3（模型 4～模型 6）以内容提供商获取能力提供商的显性知识（隐性知识）为因变量，这些模型的 F 值均显著。模型 1（模型 4）选取 5 个控制变量进行回归，模型 2（模型 5）在模型 1（模型 4）的基础上引入 1 个自变量，模型 3（模型 6）在模型 2（模型 5）的基础上引入 1 个调节变量和 1 个经过中心化的交互项。前后两个模型相比较，调整的 $R^2$ 均有增加，由此可见，后一个模型更具解释力。依据模型 3 和模型 6 能力提供机制对内容提供商获取能力提供商的显性知识（$\beta$=0.329，$p$<0.010）和隐性知识（$\beta$=0.317，$p$<0.010）均有正向影响，所以，假设 1 获得支持；能力提供机制与内容提供商技术准备度的交互项对内容提供商获取能力提供商的显性知识（$\beta$=0.132，$p$<0.050）和隐性知识（$\beta$=0.117，$p$<0.050）均有正向影响，所以，假设 4 获得支持。

在表 6-6 中，模型 7～模型 9（模型 10～模型 12）以内容提供商获取新服务体验者的显性知识（隐性知识）为因变量，3 个模型的 F 值均显著。模型 7（模型 10）选取 5 个控制变量进行回归，模型 8（模型 11）在模型 7（模型 10）的基础上引入 1 个自变量，模型 9（模型 12）在模型 8（模型 11）的基础上引入 1 个调节变量和 1 个经过中心化的交互项。从“△调整的 $R^2$”的取值来看，在同一个因变量下，模型的解释力逐渐增强。模型 9 和模型 12 表明，互动机制对内容提供商获取新服务体验者的显性知识（$\beta$=0.123，$p$<0.050）和隐性知识（$\beta$=0.397，$p$<0.010）均有正向影响，且对前者的影响强度显著弱于后者（$\Delta\chi^2(1) = 4.23$，$p$<0.050），所以，假设 2 获得支持；互动机制与内容提供商技术准备度的交互项对内容提供商获取新服务体验者的显性知识（$\beta$=0.102，$p$<0.050）和隐性知识（$\beta$=0.091，$p$<0.050）均有正向影响，所以，假设 5 获得支持。

**表 6-5 以内容提供商获取能力提供商显性知识或隐性知识为因变量的回归模型**

| 因变量 | NX | | | NY | | |
|---|---|---|---|---|---|---|
| | 模型 1 | 模型 2 | 模型 3 | 模型 4 | 模型 5 | 模型 6 |
| 控制变量 | | | | | | |
| 性别 | 0.045 | 0.026 | 0.009 | 0.033 | 0.030 | 0.026 |
| 年龄 | −0.062 | −0.015 | −0.004 | −0.029 | −0.028 | −0.005 |
| 受教育程度 | 0.097* | 0.068 | 0.032 | 0.126* | 0.096* | 0.088* |
| 使用开放平台的频率 | 0.112* | 0.083* | 0.032 | 0.101* | 0.022 | 0.017 |
| 使用开放平台的年限 | 0.103* | 0.091* | 0.056 | 0.092* | 0.027 | 0.025 |
| 自变量 | | | | | | |
| N | | 0.427** | 0.329** | | 0.411** | 0.317** |
| 调节变量 | | | | | | |
| TR | | | 0.147* | | | 0.121* |
| 交互项 | | | | | | |
| N×TR | | | 0.132* | | | 0.117* |
| 统计参数 | | | | | | |
| F 值 | 3.706** | 13.109** | 21.459** | 3.656** | 12.981** | 20.069** |
| 调整的 $R^2$ | 0.091 | 0.286 | 0.379 | 0.085 | 0.264 | 0.353 |
| △调整的 $R^2$ | | 0.195 | 0.093 | | 0.179 | 0.089 |

注：表中的 N 代表能力提供机制；NX 和 NY 分别代表内容提供商获取能力提供商的显性知识和隐性知识；TR 代表内容提供商技术准备度。**为 $p<0.010$，*为 $p<0.050$。

**表 6-6 以内容提供商获取新服务体验者显性知识或隐性知识为因变量的回归模型**

| 因变量 | XX | | | XY | | |
|---|---|---|---|---|---|---|
| | 模型 7 | 模型 8 | 模型 9 | 模型 10 | 模型 11 | 模型 12 |
| 控制变量 | | | | | | |
| 性别 | 0.032 | 0.020 | 0.011 | 0.021 | 0.013 | 0.021 |
| 年龄 | −0.034 | −0.019 | −0.008 | −0.022 | −0.128 | −0.006 |
| 受教育程度 | 0.101* | 0.054 | 0.033 | 0.106* | 0.036 | 0.011 |
| 使用开放平台的频率 | 0.120* | 0.044 | 0.032 | 0.100* | 0.009 | 0.015 |
| 使用开放平台的年限 | 0.114* | 0.093* | 0.038 | 0.047 | 0.014 | 0.023 |
| 自变量 | | | | | | |
| H | | 0.145* | 0.123* | | 0.431** | 0.397** |
| 调节变量 | | | | | | |

续表

| 因变量 | XX | | | XY | | |
|---|---|---|---|---|---|---|
| | 模型 7 | 模型 8 | 模型 9 | 模型 10 | 模型 11 | 模型 12 |
| TR | | | 0.091* | | | 0.125* |
| 交互项 | | | | | | |
| H×TR | | | 0.102* | | | 0.091* |
| 统计参数 | | | | | | |
| F 值 | 3.604** | 12.979** | 20.336** | 3.624** | 13.021** | 21.131** |
| 调整的 $R^2$ | 0.089 | 0.256 | 0.361 | 0.080 | 0.277 | 0.374 |
| △调整的 $R^2$ | | 0.167 | 0.105 | | 0.197 | 0.097 |

注：表中的 H 代表互动机制；XX 和 XY 分别代表内容提供商获取新服务体验者的显性知识和隐性知识；TR 代表内容提供商技术准备度。**为 $p$<0.010，*为 $p$<0.050。

在表 6-7 中，模型 13～模型 15（模型 16～模型 18）以内容提供商获取平台企业的显性知识（隐性知识）为因变量，3 个模型的 F 值均显著。模型 13（模型 16）选取 5 个控制变量进行回归，模型 14（模型 17）在模型 13（模型 16）的基础上引入 1 个自变量，模型 15（模型 18）在模型 14（模型 17）的基础上引入 1 个调节变量和 1 个经过中心化的交互项。从“△调整的 $R^2$”的取值来看，在同一个因变量下，模型的解释力逐渐增强。如模型 15 和模型 18 所示，知识整合机制对内容提供商获取平台企业的显性知识（$\beta$=0.395，$p$<0.010）和隐性知识（$\beta$=0.128，$p$<0.050）均有正向影响，且对前者的影响强度显著强于后者（$\Delta\chi^2(1)=4.47$，$p$<0.050），所以假设 3 获得支持；知识整合机制与内容提供商技术准备度的交互项对内容提供商获取平台企业的显性知识（$\beta$=0.105，$p$<0.050）和隐性知识（$\beta$=0.094，$p$<0.050）均有正向影响，所以，假设 6 获得支持。

**表 6-7　以获取平台企业显性知识或隐性知识为因变量的回归模型**

| 因变量 | PX | | | PY | | |
|---|---|---|---|---|---|---|
| | 模型 13 | 模型 14 | 模型 15 | 模型 16 | 模型 17 | 模型 18 |
| 控制变量 | | | | | | |
| 性别 | 0.014 | 0.011 | 0.013 | 0.017 | 0.014 | 0.021 |
| 年龄 | -0.023 | -0.014 | -0.005 | -0.025 | -0.011 | -0.006 |
| 受教育程度 | 0.087† | 0.034 | 0.030 | 0.109* | 0.018 | 0.011 |
| 使用开放平台的频率 | 0.103* | 0.022 | 0.027 | 0.088† | 0.005 | 0.015 |

续表

| 因变量 | PX | | | PY | | |
|---|---|---|---|---|---|---|
| | 模型 13 | 模型 14 | 模型 15 | 模型 16 | 模型 17 | 模型 18 |
| 使用开放平台的年限 | 0.124* | 0.051 | 0.034 | 0.033 | 0.021 | 0.023 |
| 自变量 | | | | | | |
| Z | | 0.416** | 0.395** | | 0.154* | 0.128* |
| 调节变量 | | | | | | |
| TR | | | 0.124* | | | 0.101* |
| 交互项 | | | | | | |
| Z×TR | | | 0.105* | | | 0.094* |
| 统计参数 | | | | | | |
| F 值 | 3.712** | 14.209** | 23.192** | 3.437** | 12.789** | 20.008** |
| 调整的 $R^2$ | 0.098 | 0.302 | 0.425 | 0.079 | 0.248 | 0.351 |
| △调整的 $R^2$ | | 0.204 | 0.123 | | 0.169 | 0.103 |

注：表中的 Z 代表知识整合机制；PX 和 PY 分别代表内容提供商获取平台企业的显性知识和隐性知识；TR 代表内容提供商技术准备度。**为 $p<0.010$，*为 $p<0.050$，† 为 $p<0.100$。

## 6.4 研究结论

本章得出如下研究结果：平台生态系统机制对内容提供商从平台生态系统的其他参与者处获取知识具有正向作用，但是三种机制所指向的知识源不同，对于显性知识获取和隐性知识获取的作用强度也存在差异，具体地讲：能力提供机制有助于内容提供商获取能力提供商的显性知识和隐性知识；互动机制可以帮助内容提供商获取新服务体验者的显性知识和隐性知识，但对于前者的作用弱于后者；知识整合机制可以促进内容提供商获取平台企业的显性知识和隐性知识，但对于前者的作用强于后者。在平台生态系统机制对内容提供商获取显性知识和隐性知识的正向作用中，内容提供商的技术准备度起到了正向调节作用，也就是说，就内容提供商知识获取而言，内容提供商技术准备度对于平台生态系统机制具有补充作用。

本章的研究可以做出如下理论贡献：

（1）本章所关注的三种平台机制均涌现于第 4 章的案例研究，这些机制是网络平台众创中的新生产物，比较新颖，尚鲜有文献对其中的能力提供机制、互动机制进行操作化定义和测量，这一基础性工作的缺失对于我们理解这些机制及开展实证研究造成了障碍。本章综合案例研究的发现和现有文献的观点，解决了三种平台机制"如何操作化定义"和"如何测量"这两个基本问题，为后续相关实证研究的开展提供了基础性工具。

（2）现有的联盟文献多以跨国公司等传统联盟为背景，着重探讨能够促进知识表达（如会议、跨公司交流）或知识编码（如契约、文件、决策支持系统）的联盟机制如何推动联盟成员从母公司（Steensma et al.，2008）、子公司（Tsang，2002）、子公司所在地的供应商（Li et al.，2010）、顾客（Zhou et al.，2005）等知识源处获取知识。本研究综合现有文献的观点和笔者前期案例研究的发现，立足平台生态圈——这一"互联网+双创"背景下新兴的战略联盟，充分考虑平台生态圈中不同知识源的特征及其所拥有显性知识和隐性知识的状况，构建概念模型，通过实证研究的方法理清了三种平台生态圈机制对内容提供商从三个知识源获取知识的作用机理，且阐明了各机制对内容提供商显性知识获取和隐性知识获取的作用强度有何不同，由此使得现有联盟文献勾勒出的"联盟机制-联盟成员知识获取"这一逻辑脉络，在平台创新情境下得到了深化与发展，丰富了联盟领域与的理论积累，响应了"互联网+双创"这一重要社会主题。

（3）本研究将内容提供商技术准备度作为调节变量引入概念模型，揭示了平台生态圈机制对内容提供商知识获取作用机理的边界条件，明确了在两者关系中发挥作用的权变因素。

第 7 章

# 内容提供商知识获取与 NSD 绩效的实证研究

## 7.1 实证模型

本章重点探讨内容提供商知识获取对内容提供商NSD绩效的作用机理及其边界条件，实证模型如图 7-1 所示。

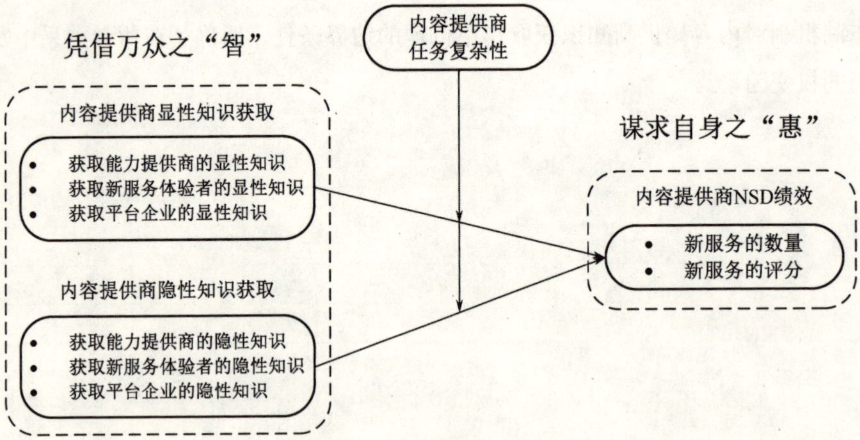


图 7-1 本章的实证模型

## 7.2　理论与假设

### 7.2.1　内容提供商知识获取对其 NSD 绩效的作用机理

知识基础观指出：知识是企业资源中最为重要的、最有价值的、最有能力保持企业持续差异性的资源（Grant，1997）。在使用该理论分析创新活动时，Kogut 和 Zander（1992）认为创新与组织的一组能力有关，这组能力是组织是否能够“产生知识的新组合”，Griliches（1990）也强调创造性是组织增加其知识存量或重新组合现有知识以达到新结合的结果。这些观点表明：创新已经成为一种知识密集型活动，而知识是一种最重要的创新投入，当组织试图开展创新活动时，获取和使用知识成为影响创新绩效的关键因素。

服务主导逻辑认为服务是“某实体为了实现自身或其他实体的利益，通过行动、流程和绩效对自身知识、技能等专业化能力的一种应用”（Vargo and Lusch，2016），而新服务的产生及 NSD 绩效的提高需要对“以自身知识和技能为核心的专业化能力”进行修正和完善（Menor and Roth，2007）。服务主导逻辑进一步告诉我们：在平台生态圈中“所有社会性和经济性的行动者都是资源整合者”，“以服务为中心的观点必然是关系性的”，由此可见，获取平台生态圈中其他行动者的资源，尤其是那些以知识为代表的操作性资源，就成了行动者修正自身专业化能力、提升 NSD 绩效的一种重要手段（Vargo and Lusch，2016）。综合这些观点，我们认为内容提供商从外部获取的知识对于 NSD 绩效具有促进作用。

在此基础上，我们分别以不同的知识源或不同的知识类型为着眼点，更加深入地阐述内容提供商知识获取与 NSD 绩效的关系。

#### 1．以不同的知识源为着眼点

内容提供商从三个知识源获取的知识在内容上存在差异，具体地讲：内容提供商从能力提供商处获取的知识与开展 NSD 需要的技术能力和运营能力相关，这些知识源自能力提供商对于底层复杂技术和应用逻辑的抽象，具体体现为一系列已经被封装的、可供内容提供商直接使用的标准化模块。此外，这些知识也可能来源于能力提供商在签约、考核、客服、结算、对账等方面向内容提供商提供的一系列外包服务，可以说，这些知识与NSD的直接关联性很强，便于内容提供商直接吸收和利用，能够在短期内对于NSD绩效产生明显的促进作用。但是内容提供商从新服务体验者处获取的知识，通常与新服务体验者对于某种新服务的评价相关，由于新服务体验者并不具备专门的 NSD 知识，所以，他们的评价往往难以直接用于指导 NSD 活动。内容提供商从平台企业处获取的知识则更加宏观或面向未来，它们通常与平台生态圈的总体运营形势和未来发展趋势相关，这些知识对于NSD的直接适用性更差，内容提供商必须对这些知识进行过滤、分类和提取（芮明杰，等，2004），才能用于NSD活动。

综上所述，内容提供商从三个知识源获取的知识在内容上存在差异，导致它们对于NSD的直接适用性有所不同，在一个诸如本章这样的横截面研究中，显然，对NSD最具直接适用性的知识——内容提供商从能力提供商处获取的知识，对于NSD绩效的促进效果最为明显，而源自新服务体验者的知识和源自平台企业的知识对NSD绩效的促进作用则依次减弱。

考虑到内容提供商获取的知识可以分为显性和隐性两种类型，我们提出如下两个假设：

假设1-1：内容提供商获取能力提供商、新服务体验者和平台企业显性知识对新服务数量或新服务评分的正向作用均依次减弱。

假设1-2：内容提供商获取能力提供商、新服务体验者和平台企业隐性知识对新服务数量或新服务评分的正向作用均依次减弱。

**2. 以不同的知识类型为着眼点**

从另一个着眼点来看，内容提供商获取的显性知识可以通过编码和符号进行表达，便于内容提供商对其消化、吸收、应用、深化和发展，促进创新效率的改善，能够有效提升内容提供商所开发新服务的数量。但是显性知识的上述特征又使其易于理解，便于传播，接触门槛较低，这就为开放平台中的竞争者获取这些知识提供了便利，所以，显性知识对于新服务在市场中的声望、地位及引领性的贡献相对有限，即对于新服务评分的提升作用相对较弱。

与显性知识的特性相反，隐性知识根植于个人的经验和背景之中，是异质的、高度个性化的、情景嵌入的和路径依赖的，对于许多隐性知识而言也许根本就不存在可以直接获得或购买的市场，因此，隐性知识比显性知识更能提供一个强大的竞争力基础（Jordan，2004）。与内容提供商从外界获取的显性知识相比，他们获取的隐性知识更有助于提升 NSD 的深度与突破性，使他们开发的新服务在市场中获得较高的声望和地位，从而受到新服务体验者的高水平评价。

考虑到内容提供商可以从三个知识源获取知识，我们提出如下三个假设：

假设 2-1：内容提供商获取能力提供商显性知识和隐性知识对新服务数量的正向作用依次减弱，对新服务评分的正向作用依次增强。

假设 2-2：内容提供商获取新服务体验者显性知识和隐性知识对新服务数量的正向作用依次减弱，对新服务评分的正向作用依次增强。

假设 2-3：内容提供商获取平台企业显性知识和隐性知识对新服务数量的正向作用依次减弱，对新服务评分的正向作用依次增强。

### 7.2.2　内容提供商任务复杂性的调节作用

任务是指人们为了使自己的工作和生活向前发展而需要完成的活动（Liu and Li，2012）。学术界通常认为任务复杂性是独立于任务执行者而客观存在的，学者们从任务的内在结构出发对任务复杂性进行了解释，指出任务复杂性是任务所含元素及其关系的函数，元素越多，各元素之间的关联性越强，任务复杂性就越高（Campbell，1988；Schraagen，2011；Ham et al.，2012）。就本章关注的问题而言，内容提供商加入平台生态圈是为了完成与社交类、办公类、生活类、娱乐类等软件开发相关的 NSD 任务，不同的 NSD 任务复杂程度存在差异。例如，在与娱乐类软件开发相关的 NSD 任务中，开发在线游戏就比开发音乐相册、电子杂志、动漫图集复杂得多。充分考虑现实情况，并参照 Campbell（1988）提出的观点，本章将内容提供商任务复杂性界定为“内容提供商在执行NSD任务时所面对的多种路径、多种结果及其中存在的冲突”。

高水平的任务复杂性体现出三个特征（彭正银和韩炜，2011）。①从任务路径上讲，高水平的任务复杂性意味着内容提供商可以遵循多条潜在的路径执行NSD任务，但是不同路径的效率存在差别，只有一条路径的效率是最高的；此外，这些潜在的路径之间还可能存在冲突，内容提供商通过一种路径执行NSD任务要以牺牲其他路径中存在的资源和机遇为代价（Latham and Seijts，1999）。②从任务结果上讲，高水平的任务复杂性体现为内容提供商任务结果的多样性，即不同的任务执行路径指向不同的任务结果；有时还会出现一种任务结果的实现与另一种任务结果的实现相冲突的情况（Speier et al.，2003）。③从任务路径和任务结果的关联性上讲，高水平的任务复杂性还可能体现为任务执行路径与任务结果之间关系的不确定性，即不存在明确的规律可以表明哪一条任务路径究竟指向哪一个任务结果，这就使得任务路径与任务结果相互交织，可能产生大量的组合；此外，内容提供商还可能遇到一项NSD任务的不同子任务共享了某条任务执行路径，却产生了彼此矛盾的结果，从而使得这些子任务之间存在非独立的共线特征（彭正银和韩炜，2011）。

在知识管理领域，显性知识被认为能够用严格的数据、科学公式、公理、文字等符号明确地表达出来，可以通过正式、系统的语言交流和传递，它独立于组织及其成员，容易通过市场和契约安排进行描绘和转移，一般通过阅读、视听、检索等手段来获取（Yong et al.，2013）。显性知识的特征使得它适用于解决那些能够被清晰表述的、常规性的问题（Lamberts and Shanks，2013）。然而，高复杂性的NSD任务却意味着任务路径、任务结果以及两者的关联性等方面存在种种冲突（彭正银和韩炜，2011），由于“互联网+万众创新”这一模式的新颖性，以及其中存在的海量内容提供商在NSD偏好、NSD行为、NSD习惯等方面千差万别，由此导致那些源自内容提供商任务复杂性的冲突大多是难以被清晰表述的、非常规性的“疑难杂症”。因此，内容提供商从平台生态圈中获取的显性知识往往难以恰当地匹配高复杂性NSD任务提出的要求，在执行高复杂性NSD任务的过程中，这些显性知识可能会出现“减效”甚至“失效”等负面现象，此时，内容提供商显性知识获取对NSD绩效的正向作用，在一定程度上被任务复杂性抑制了。

与显性知识不同，隐性知识根植于个人的经验和具备背景之中，是异质的、高度个性化的、情景嵌入的和路径依赖的，通常被称为“诀窍”（Know-how）。隐性知识不能被完全模仿，只能通过密切的沟通和交流，采用探索式学习（Explorative Learning）、干中学（Learning by Doing）等手段才能获取（Stieger and Hergovich，2013）。以上这些特征使得隐性知识对于解决那些难以被清晰表述的、非常规性的问题具有较好的适用性。基于此，我们认为，内容提供商从平台生态圈中获取的隐性知识，恰好能够恰当地匹配那些充满冲突和“疑难杂症”的高复杂性 NSD 任务提出的要求，在种种冲突和“疑难杂症”的刺激下，内容提供商获取的隐性知识被“激活”了，在执行高复杂性 NSD 任务的过程中，这些隐性知识能够真正找到“用武之地”，从而出现资源“增效”这一正面现象，也就是说，处于高任务复杂性这一情境之中，内容提供商隐性知识获取对 NSD 绩效的正向作用进一步增强了。

综合考虑显性知识、隐性知识与任务复杂性的匹配程度，我们提出如下一组假设：

假设 3-1：任务复杂性在内容提供商显性知识获取对新服务数量或新服务评分的影响中，均发挥负向调节作用。

假设 3-2：任务复杂性在内容提供商隐性知识获取对新服务数量或新服务评分的影响中，均发挥正向调节作用。

## 7.3 数据分析

### 7.3.1 数据质量评估

对各变量进行方差分析，所得 $p$ 值均大于 0.1，由此可见，数据采集渠道对各变量没有显著影响，三个渠道采集的数据可以合并为一个整体用于后续的统计分析。

以问卷发出后 30 天为界限，将收集到的有效问卷分成早期样本（233 份）、后期样本（153），t 检验结果表明，两组样本在个人基本信息、开发平台使用信息上无显著差异，所有参数的 $p$ 值都大于 0.1，可见无应答偏差在本研究中是不显著的。

遵循 Harman 单因子检验的思路，对内容提供商知识获取和任务复杂性采用未旋转的主成分分析，提取出了 7 个特征值大于 1 的因子，没有出现 1 个因子解释所有题项大部分方差的情况，可以认为 CMB 是不显著的（Podsakoff et al.，2003）。为了进一步检验 CMB 是否显著，我们对 Harman 单因子模型进行 CFA，主要拟合度指标为：$\frac{\chi^2}{df}$=6.407，GFI=0.567，AGFI=0.538，NFI=0.484，CFI=0.511，RMSEA=0.096。可见，该模型与数据的匹配性很差，是不可接受的。随后，我们对内容提供商知识获取和任务复杂性组成的测量模型进行 CFA，主要拟合度指标为：$\frac{\chi^2}{df}$=2.009，GFI=0.901，AGFI=0.932，NFI=0.945，CFI=0.922，RMSEA=0.047。这一结果显然要比上一模型好得多，进一步表明 CMB 是不显著的。

## 7.3.2 EFA

内容提供商NSD绩效的两个维度都是依据单一题项从网络平台中收集已经存在的客观数据，所以，不进行 EFA、信度检验和效度检验。

如表 7-1 所示，对内容提供商知识获取和内容提供商任务复杂性同时进行 EFA，抽取出了 7 个特征值大于 1 的因子，分别对应内容提供商从三个外部知识源获取的显性知识和隐性知识及内容提供商任务复杂性，累积解释总方差比例为 81.863%，测量题项在所属因子上的载荷均不低于 0.568，无测量题项跨因子现象。

表 7-1　EFA 和信度检验的结果

| 测量题项 | 因子载荷 | | | | | | | CITC | Cronbach'α 系数 |
|---|---|---|---|---|---|---|---|---|---|
| | NX | NY | XX | XY | PX | PY | TC | | |
| NX1：在开放平台中，我能够独立获得关于应用设计的文档 | 0.633 | 0.313 | 0.180 | 0.117 | 0.188 | 0.215 | 0.109 | 0.488 | 0.802 |
| NX2：在开放平台中，我能够独立获得关于应用编程的文档 | 0.601 | 0.205 | 0.318 | 0.112 | 0.093 | 0.201 | 0.203 | 0.517 | |
| NX3：在开放平台中，我能够独立获得关于应用开发流程的文档 | 0.568 | 0.378 | 0.302 | 0.201 | 0.118 | 0.209 | 0.188 | 0.563 | |

续表

| 测量题项 | 因子载荷 | | | | | | | CITC | Cronbach'α 系数 |
|---|---|---|---|---|---|---|---|---|---|
| | NX | NY | XX | XY | PX | PY | TC | | |
| NX4：在开放平台中，我能够独立获得关于项目管理技巧的文档 | 0.746 | 0.301 | 0.221 | 0.160 | 0.137 | 0.175 | 0.065 | 0.608 | |
| NY1：在开放平台中，通过沟通和交流我能够获得关于应用设计的经验分享 | 0.204 | 0.668 | 0.233 | 0.111 | 0.108 | 0.128 | 0.112 | 0.633 | 0.768 |
| NY2：在开放平台中，通过沟通和交流我能够获得关于应用编程的经验分享 | 0.255 | 0.592 | 0.188 | 0.210 | 0.141 | 0.068 | 0.145 | 0.626 | |
| NY3：在开放平台中，通过沟通和交流我能够获得关于应用开发流程的经验分享 | 0.361 | 0.706 | 0.219 | 0.228 | 0.169 | 0.222 | 0.135 | 0.561 | |
| NY4：在开放平台中，通过沟通和交流我能够获得关于项目管理技巧的经验分享 | 0.303 | 0.670 | 0.101 | 0.202 | 0.211 | 0.136 | 0.124 | 0.575 | |
| XX1：在开放平台中，我能够独立获得关于用户体验的文档 | 0.158 | 0.194 | 0.771 | 0.294 | 0.212 | 0.188 | 0.031 | 0.488 | 0.751 |
| XX2：在开放平台中，我能够独立获得关于用户偏好的文档 | 0.109 | 0.165 | 0.785 | 0.360 | 0.125 | 0.128 | 0.068 | 0.667 | |
| XX3：在开放平台中，我能够独立获得关于用户建议措施的文档 | 0.115 | 0.282 | 0.792 | 0.221 | 0.174 | 0.104 | 0.059 | 0.526 | |
| XY1：在开放平台中，通过沟通和交流我能够获得关于用户体验的经验分享 | 0.250 | 0.156 | 0.448 | 0.591 | 0.082 | 0.102 | 0.121 | 0.430 | 0.738 |
| XY2：在开放平台中，通过沟通和交流我能够获得关于用户偏好的经验分享 | 0.151 | 0.091 | 0.292 | 0.681 | 0.172 | 0.140 | 0.108 | 0.497 | |
| XY3：在开放平台中，通过沟通和交流我能够获得关于用户建议措施的经验分享 | 0.158 | 0.202 | 0.298 | 0.722 | 0.134 | 0.132 | 0.123 | 0.503 | |
| PX1：在开放平台中，我能够独立获得关于典型应用分析的文档 | 0.170 | 0.231 | 0.046 | 0.154 | 0.745 | 0.203 | 0.123 | 0.659 | 0.811 |
| PX2：在开放平台中，我能够独立获得关于平台阶段性运营形势的文档 | 0.072 | 0.140 | 0.218 | 0.165 | 0.622 | 0.194 | 0.082 | 0.621 | |
| PX3：在开放平台中，我能够独立获得关于平台未来发展趋势的文档 | 0.131 | 0.184 | 0.198 | 0.050 | 0.791 | 0.232 | 0.101 | 0.561 | |
| PX4：在开放平台中，我能够独立获得关于平台文化的文档 | 0.215 | 0.252 | 0.178 | 0.158 | 0.596 | 0.304 | 0.189 | 0.728 | |

续表

| 测量题项 | 因子载荷 | | | | | | | CITC | Cronbach'α系数 |
|---|---|---|---|---|---|---|---|---|---|
| | NX | NY | XX | XY | PX | PY | TC | | |
| PY1：在开放平台中，通过沟通和交流我能够获得关于典型应用分析的经验分享 | 0.085 | 0.108 | 0.117 | 0.126 | 0.197 | 0.851 | 0.058 | 0.667 | 0.744 |
| PY2：在开放平台中，通过沟通和交流我能够获得关于平台阶段性运营形势的经验分享 | 0.196 | 0.162 | 0.131 | 0.158 | 0.216 | 0.723 | 0.099 | 0.605 | |
| PY3：在开放平台中，通过沟通和交流我能够获得关于平台未来发展趋势的经验分享 | 0.222 | 0.120 | 0.159 | 0.091 | 0.269 | 0.756 | 0.131 | 0.582 | |
| PY4：在开放平台中，通过沟通和交流我能够获得关于平台文化的经验分享 | 0.181 | 0.161 | 0.127 | 0.108 | 0.250 | 0.638 | 0.169 | 0.551 | |
| RF1：开发应用时，我需要考虑多种因素 | 0.117 | 0.096 | 0.108 | 0.121 | 0.136 | 0.205 | 0.645 | 0.631 | 0.821 |
| RF2：存在多条潜在的路径可以使我完成应用的开发 | 0.101 | 0.158 | 0.139 | 0.187 | 0.125 | 0.088 | 0.767 | 0.655 | |
| RF3：开发应用时，我会有多个期望实现的结果 | 0.087 | 0.193 | 0.149 | 0.213 | 0.066 | 0.137 | 0.736 | 0.521 | |
| RF4：实现一种期望的结果和实现另一种期望的结果存在冲突 | 0.231 | 0.257 | 0.196 | 0.167 | 0.202 | 0.108 | 0.598 | 0.532 | |
| RF5：开发应用遵循的路径和期望实现的结果无法确定相关联 | 0.208 | 0.005 | 0.187 | 0.201 | 0.108 | 0.092 | 0.605 | 0.524 | |
| 特征值 | 3.921 | 3.102 | 2.668 | 2.532 | 2.411 | 2.209 | 2.011 | | |
| 累积解释总方差 | 81.863% | | | | | | | | |

注：表中的NX和NY分别代表内容提供商获取能力提供商的显性知识和隐性知识；XX和XY分别代表内容提供商获取新服务体验者的显性知识和隐性知识；PX和PY分别代表内容提供商获取平台企业的显性知识和隐性知识；TC代表内容提供商任务复杂性。

### 7.3.3 信度、效度检验

如表7-1所示，所有变量的Cronbach'α系数均不低于0.738，所有题项的校正的CITC均不低于0.430。因此，可以通过信度检验。

在收集数据之前，内容效度由现有的文献、对实业界及学术界相关人员的访谈和预测试来保证。利用 CFA 检验各变量的聚合效度（O’Leary-Kelly and Vokurka，1998），CFA 模型的拟合指标为：$\frac{\chi^2}{df}$=2.009，RMSEA=0.047，GFI=0.901，CFI=0.922，NFI=0.945，AGFI=0.932，表明这个模型可以接受。标准化因子载荷均不低于 0.589，AVE 均不低于 0.520，可以通过聚合效度检验。如表 7-2 所示，各变量 AVE 的平方根均大于它与其他变量的 Pearson 相关系数，可以通过区分效度检验（Fornell and Larcker，1981）。

**表 7-2　变量的 Pearson 相关系数和 AVE 的平方根**

| | NX | NY | XX | XY | PX | PY | TC |
|---|---|---|---|---|---|---|---|
| NX | 0.723 | | | | | | |
| NY | 0.412** | 0.735 | | | | | |
| XX | 0.358** | 0.246** | 0.721 | | | | |
| XY | 0.389** | 0.312** | 0.428** | 0.728 | | | |
| PX | 0.351** | 0.285** | 0.298** | 0.236** | 0.731 | | |
| PY | 0.307** | 0.269** | 0.305** | 0.284** | 0.450** | 0.739 | |
| TC | 0.212** | 0.193** | 0.103* | 0.124* | 0.203** | 0.233** | 0.746 |

注：表中的 NX 和 NY 分别代表内容提供商获取能力提供商的显性知识和隐性知识；XX 和 XY 分别代表内容提供商获取新服务体验者的显性知识和隐性知识；PX 和 PY 分别代表内容提供商获取平台企业的显性知识和隐性知识；TC 代表内容提供商任务复杂性。对角线上的斜体数据是变量 AVE 的平方根，其他数据为各变量间的相关系数。**为 $p<0.010$，*为 $p<0.050$。

## 7.3.4　假设检验

我们通过三阶段层级回归（Three-stage Hierarchical Regression）进行假设检验。第一步：分别以内容提供商新服务的数量和新服务的评分为因变量，对 4 个控制变量进行回归（见表 7-3 中的模型 1 和模型 4）。第二步：在第一步的基础上，我们将 6 个自变量加入回归模型，进行回归（见表 7-3 中的模型 2 和模型 5）。第三步：在第二步的基础上，我们将 1 个调节变量和 6 个经过中心化处理的交互项加入回归模型，进行回归（见表 7-3 中的模型 3 和模型 6）。所有回归模型的 F 值都在 0.001 水平上显著；在同一个因变量下，后一个模型的调整的 $R^2$ 与前一个模型相比均有所增加，说明后一个模型更具解释力。此外，我们还测量了所有变量的方差膨胀因子（Variance Inflation Factors，VIFs），它们落在了 1.021～1.634 之间，均低于边界值 10.000，可以认为不存在多重共线性问题。

**表 7-3　以内容提供商新服务的数量或新服务的评分为因变量的回归分析模型**

| 变　量 | SL | | | PF | | |
|---|---|---|---|---|---|---|
| | 模型 1 | 模型 2 | 模型 3 | 模型 4 | 模型 5 | 模型 6 |
| 控制变量 | | | | | | |
| 年龄 | -0.125* | -0.036 | -0.025 | 0.031 | -0.011 | -0.008 |
| 受教育程度 | 0.052 | 0.021 | 0.014 | 0.155* | 0.125* | 0.074 |
| 使用开放平台的年限 | 0.133* | 0.122* | 0.066 | 0.165* | 0.136* | 0.097† |
| 使用开放平台的频率 | 0.158* | 0.139* | 0.057 | 0.144* | 0.130* | 0.102† |
| 自变量 | | | | | | |
| NX | | 0.282** | 0.231** | | 0.145* | 0.128* |
| XX | | 0.185* | 0.142* | | 0.112† | 0.094† |
| PX | | 0.171* | 0.114† | | 0.075 | 0.041 |
| NY | | 0.157* | 0.130* | | 0.268** | 0.251** |
| XY | | 0.133* | 0.095† | | 0.187* | 0.165* |
| PY | | 0.103† | 0.069 | | 0.172* | 0.118† |
| 调节变量 | | | | | | |
| TC | | | -0.116* | | | 0.146* |
| 交互项 | | | | | | |
| NX×TC | | | -0.152* | | | -0.139* |
| XX×TC | | | -0.137* | | | -0.135* |
| PX×TC | | | -0.098† | | | -0.063 |
| NY×TC | | | 0.169* | | | 0.277** |
| XY×TC | | | 0.189* | | | 0.168* |
| PY×TC | | | 0.081 | | | 0.071 |
| 统计参数 | | | | | | |
| F 值 | 5.136*** | 7.109*** | 8.326*** | 5.268*** | 7.362*** | 8.459*** |
| 调整的 $R^2$ | 0.133 | 0.345 | 0.469 | 0.142 | 0.356 | 0.488 |
| △调整的 $R^2$ | | 0.212*** | 0.124*** | | 0.214*** | 0.132*** |

注：表中的 NX 和 NY 分别代表内容提供商获取能力提供商的显性知识和隐性知识；XX 和 XY 分别代表内容提供商获取新服务体验者的显性知识和隐性知识；PX 和 PY 分别代表内容提供商获取平台企业的显性知识和隐性知识；SL 代表内容提供商所开发新服务的数量，PF 代表内容提供商所开发新服务的评分；TC 代表内容提供商任务复杂性；***为 $p<0.001$，**为 $p<0.010$，*为 $p<0.050$，† 为 $p<0.100$。

如表 7-3 中的模型 3 所示，内容提供商获取能力提供商（$\beta$=0.231，$p$<0.010）、新服务体验者（$\beta$=0.142，$p$<0.050）、平台企业（$\beta$=0.114，$p$<0.100）的显性知识对新服务数量的正向作用依次减弱，对 3 个路径系数两两进行卡方检验，发现各系数间存在显著差异；在模型 6 中，内容提供商获取能力提供商（$\beta$=0.128，$p$<0.050）、新服务体验者（$\beta$=0.094，$p$<0.100）、平台企业（$\beta$=0.041，$p$>0.100）的显性知识对新服务评分的正向作用依次减弱，对这些路径系数两两进行卡方检验，发现各系数间存在显著差异，综合以上检验结果，假设 1-1 获得支持。

在模型 3 中，内容提供商获取能力提供商（$\beta$=0.130，$p$<0.050）、新服务体验者（$\beta$=0.095，$p$<0.100）、平台企业（$\beta$=0.069，$p$>0.100）的隐性知识对新服务数量的正向作用依次减弱，对 3 个路径系数两两进行卡方检验，发现各系数间存在显著差异；在模型 6 中，内容提供商获取能力提供商（$\beta$=0.251，$p$<0.010）、新服务体验者（$\beta$=0.165，$p$<0.050）、平台企业（$\beta$=0.118，$p$<0.100）的隐性知识对新服务评分的正向作用依次减弱，对这些路径系数两两进行卡方检验，发现各系数间存在显著差异，综合以上检验结果，假设 1-2 获得支持。

在模型 3 中，内容提供商获取能力提供商显性知识（$\beta$=0.231，$p$<0.010）和隐性知识（$\beta$=0.130，$p$<0.050）对新服务数量的正向作用依次递减，卡方检验结果表明两者存在显著差异；在模型 6 中，内容提供商获取能力提供商显性知识（$\beta$=0.128，$p$<0.050）和隐性知识（$\beta$=0.251，$p$<0.010）对新服务评分的正向作用递增，卡方检验结果表明两者存在显著差异，所以，假设 2-1 获得支持。

在模型 3 中，内容提供商获取新服务体验者显性知识（$\beta$=0.142，$p$<0.050）和隐性知识（$\beta$=0.095，$p$<0.100）对新服务数量的正向作用依次递减，卡方检验结果表明两者存在显著差异；在模型 6 中，内容提供商获取新服务体验者显性知识（$\beta$=0.094，$p$<0.100）和隐性知识（$\beta$=0.165，$p$<0.050）对新服务评分的正向作用递增，卡方检验结果表明两者存在显著差异，所以，假设 2-2 获得支持。

在模型 3 中，内容提供商获取平台企业显性知识（$\beta$=0.114，$p$<0.100）和隐性知识（$\beta$=0.069，$p$>0.100）对新服务数量的正向作用依次递减，卡方检验结果表明两者存在显著差异；在模型 6 中，内容提供商获取平台企业显性知识（$\beta$=0.041，$p$>0.100）

和隐性知识（$\beta$=0.118，$p$<0.100）对新服务评分的正向作用递增，卡方检验结果表明两者存在显著差异，所以，假设 2-3 获得支持。

在模型 3 中，“NX×TC”（$\beta$=−0.152，$p$<0.050）、“XX×TC”（$\beta$=−0.137，$p$<0.050）和“PX×TC”（$\beta$=−0.098，$p$<0.100）对新服务的数量均有负向作用；在模型 6 中，“NX×TC”（$\beta$=−0.139，$p$<0.050）和“XX×TC”（$\beta$=−0.135，$p$<0.050）对新服务评分有负向影响，但是“PX×TC”（$\beta$=−0.063，$p$>0.100）对新服务评分的影响不显著，所以，假设 3-1 部分获得支持。

在模型 3 中，“NY×TC”（$\beta$=0.169，$p$<0.050）和“XY×TC”（$\beta$=0.189，$p$<0.050）对新服务数量有正向影响，但是“PY×TC”（$\beta$=0.081，$p$>0.100）对新服务数量的影响不显著；在模型 6 中，“NY×TC”（$\beta$=0.277，$p$<0.010）和“XY×TC”（$\beta$=0.168，$p$<0.050）对新服务评分有正向影响，但是“PY×TC”（$\beta$=0.071，$p$>0.100）对新服务评分的影响不显著，所以，假设 3-2 部分获得支持。

### 7.3.5 对假设检验结果的解释

#### 1. 对直接效应的解释

上文提出的关于内容提供商知识获取与NSD绩效直接效应的假设全部获得了支持，我们用图 7-2 对假设检验结果进行呈现。

如图 7-2 所示，内容提供商显性知识获取或隐性知识获取的 3 个维度对于任意一个结果变量的 3 条影响路径，都能体现出如下规律：源自能力提供商的知识对于结果变量影响最强，源自新服务体验者的知识影响强度居中，源自平台企业的知识影响强度最弱。这与本章第 1 组假设的推导是一致的，从这个角度讲，能力提供商是万众之“智”最重要的源头，内容提供商从这一源头获取的知识是其谋求自身之“惠”的关键所在。

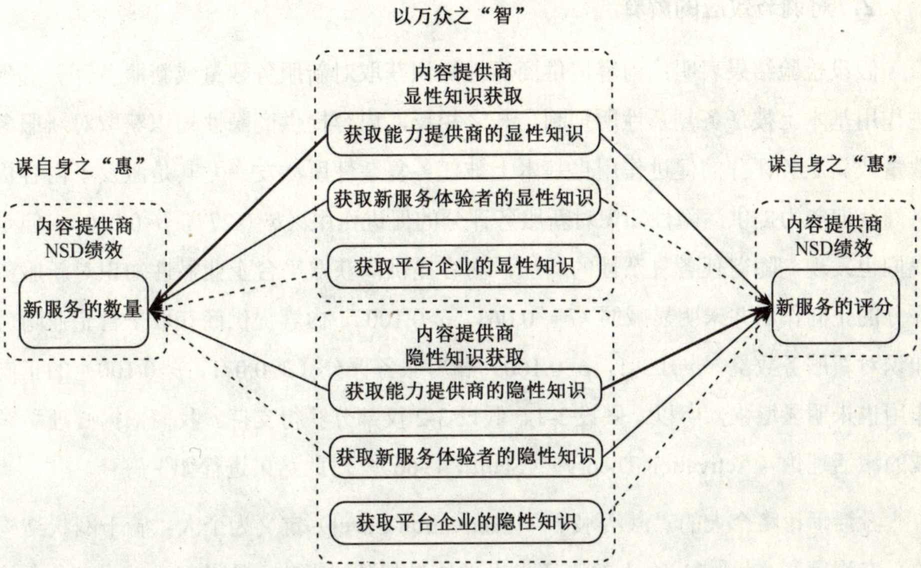


注：带箭头的粗实线、细实线和虚线分别代表在0.010、0.050和0.100水平上显著的作用路径。

图 7-2　内容提供商知识获取与 NSD 绩效直接效应相关假设的检验结果

此外，内容提供商从某一知识源获取显性知识和隐性知识指向某一结果变量的两条路径均存在差异，若结果变量为新服务的数量，则源自显性知识获取的路径系数大；若结果变量为新服务的评分，则源自隐性知识获取的路径系数大，这一结果呼应了本章提出的第 2 组假设，从这个角度讲，万众之“智”中的显性知识更倾向于提升 NSD 的广度，而隐性知识则更倾向于提升 NSD 的深度。

如果整合以上两个视角来考虑，那么，新服务数量或者新服务评分不仅仅取决内容提供商获取知识的源头，也不仅仅取决于所获知识的类型，而是取决于两者的相互交叉与补充。这一结果使得“新服务数量”的影响因素可以被划分为 3 个等级，其中，内容提供商获取能力提供商显性知识作用最强，获取新服务体验者显性知识和能力提供商隐性知识作用居中，获取平台企业显性知识和新服务体验者隐性知识作用最弱，但仍然显著。“新服务评分”的影响因素同样可以被划分为 3 个等级，其中，内容提供商获取能力提供商隐性知识作用最强，获取新服务体验者隐性知识和能力提供商显性知识作用居中，获取平台企业隐性知识和新服务体验者显性知识作用最弱，但仍然显著。

### 2. 对调节效应的解释

假设检验结果表明：内容提供商显性知识获取对新服务数量或新服务评分的促进作用基本上被任务复杂性所抑制，与之相反，内容提供商隐性知识获取对新服务数量或新服务评分的促进作用也基本上被任务复杂性所激发，尤其是激发了内容提供商获取能力提供商隐性知识对新服务评分的促进作用（$b=0.277$，$p<0.010$）。但是我们也发现，随着任务复杂性的增加，内容提供商获取平台企业显性知识对新服务评分的正向作用并未明显减弱（$b=-0.063$，$p>0.100$），内容提供商获取平台企业隐性知识对新服务数量（$b=0.081$，$p>0.100$）和新服务评分（$b=0.071$，$p>0.100$）的正向作用也未明显增强，所以，假设 3-1、假设 3-2 仅部分获得支持。我们依据心理学领域的激活理论（Activation Theory）（Scott，1966），对此结果进行如下解释。

激活理论将个人的“激活水平”（Activation Level）定义为个人“脑干网状结构的兴奋程度”，同时指出个人的激活水平受外界刺激的影响，外界刺激越强，个人的激活水平越高，由此导致他们对于相关事物的选择性注意力也会增强（Scott，1966）。在本章中，任务复杂性被界定为“内容提供商在执行 NSD 任务时所面对的多种路径、多种结果及其中存在的冲突”，可以被视为开放平台中的一系列刺激因素。依据激活理论的观点，随着 NSD 任务复杂性的提升，内容提供商的激活水平被逐步唤醒，他们对于“那些与 NSD 任务相关的事物”选择性注意力会不断增强，其中，内容提供商从外部获取的知识即“那些与 NSD 任务相关的事物”的重要组成部分。如上文所述，内容提供商从能力提供商处获取的知识与开展 NSD 需要的技术能力和运营能力相关，这些知识趋于微观、面向当下，对于 NSD 能否高效地开展具有直接的指导意义。内容提供商从平台企业处获取的知识与平台生态圈的总体运营形势和未来发展趋势相关，此类知识趋于宏观、面向未来，它们需要经历一定时间的过滤、分类和提取，才能被用于 NSD 的具体实施，在短时间内对于 NSD 的直接指导意义比较有限。因此，在高复杂性任务的刺激下，理性的内容提供商通常会把选择性注意力聚焦于直接可用的知识，即他们从能力提供商处获取的知识，这就导致这些知识对于 NSD 绩效的作用效果发生显著变化；与之相反，内容提供商从平台企业处获取的知识，尤其是隐性知识，在短期内是难以直接应用的，因此，通常不会受到内容提供商的特别关注，它们对于 NSD 绩效的作用效果也不会发生显著变化。

## 7.4 研究结论

从总体上讲，本章可以得出如下研究结果：

（1）在“互联网+万众创新”中，内容提供商可以同时面对能力提供商、新服务体验者、平台企业三个知识源，获取源自他们的显性知识和隐性知识，即万众之“智”。

（2）能力提供商是万众之“智”最重要的源头，内容提供商从这一源头获取的知识是其谋求自身之“惠”的关键，新服务体验者的重要性居中，平台企业的重要性最弱。

（3）内容提供商从三个源头获取的显性知识或隐性知识对 NSD 绩效的两个维度（新服务的数量和新服务的评分）均有促进作用，但是显性知识获取更有助于提升新服务的数量，隐性知识获取更有助于提升新服务的评分。

（4）在以上因果链中，任务复杂性是一个关键的调节变量，高复杂性任务使内容提供商获取的显性知识“减效”，抑制了此类知识对 NSD 绩效的促进作用，与之相反，高复杂性任务使内容提供商获取的隐性知识“增效”，激发了此类知识对 NSD 绩效的促进作用。

本章可以做出如下理论贡献：

（1）在使用知识基础观探讨创新问题时，知识获取被视为提升企业创新绩效的核心要素，但是学者们在一项研究中往往仅关注企业从某一个知识源获取的某一类知识或者这些知识的集合，由此将知识获取界定为一个泛化的整体。对于创新绩效的界定通常也未考虑其各个维度的差异，同样将其作为一个整体加以对待。这就导致现有研究往往仅得出企业知识获取与企业创新绩效正相关这一“显见”的结论，使得我们无法在一个完整的框架内系统把握企业从各知识源获取的各类知识对于 NSD 绩效的不同方面会生产怎样的影响。

本章充分考虑平台生态圈中来自不同源头的知识在内容上的差异，以及显性知识和隐性知识的特征，同时还从深度和广度两个方面对 NSD 绩效进行了界定，在此基础上，系统地分析了内容提供商知识获取的不同维度与NSD绩效的不同维度之间的关系，并基于不同视角对这些变量之间作用路径进行了比较，从而系统地把握了三个知识源、两种知识类型以及它们交叉而成的六类知识获取在NSD绩效提升过程中所体现出的相对重要性，在一个完整的框架内理清了内容提供商知识获取对NSD绩效的作用机理，弥补了现有文献在探讨同类问题时，仅关注单一知识源或单一知识类型，且较少深入变量维度层面的不足，使得“企业知识获取—企业创新绩效”这一理论体系更加系统和完善。

（2）企业通过外部知识获取来提升自身绩效必然发生在一定的情境之中，但是现有文献在基于知识基础观探讨企业知识获取与企业创新绩效的关系时，却把情境这一要素所忽视。本研究在知识基础观的基础上，进一步整合服务主导逻辑的观点，将任务复杂性作为一个调节变量引入内容提供商知识获取与NSD绩效的关系之中，并发现了任务复杂性在显性知识获取或隐性知识获取对NSD绩效的影响中，所发挥的调节作用截然相反。

从理论基础上讲，服务主导逻辑的引入为学者们在知识基础观的框架下进一步深化创新管理领域的研究问题提供了一个良好的视角，服务主导逻辑强调知识等操作性资源的共享与交换，因此，与知识基础观有着恰当的契合点，同时，该理论还强调情境、制度安排等因素对于价值共创的影响，这是对知识基础观一个很好的补充。

从研究内容上讲，任务复杂性的调节效应揭示了内容提供商知识获取对NSD绩效作用机理的边界条件，使得我们能够从一个权变的角度把握两者之间的关系，深入地打开了两者之间存在的“黑箱”。

（3）从研究背景和观测单元来看，本研究推动了“企业知识获取—企业创新绩效”这一理论体系，由跨国公司、产业联盟等研究背景和传统制造型企业或服务型企业等观测单元，向致力于推动“互联网+万众创新”的平台生态圈背景和内容提供商这一观测单元发展和深化，提升了创新管理领域的理论积累对于“互联网+万众创新”这一新兴创新模式的解释力。

第 8 章

# 内容提供商知识获取所发挥中介效应的实证研究

## 8.1 实证模型

本章重点探讨内容提供商知识获取在平台机制与内容提供商NSD绩效之间发挥的中介效应，实证模型如图 8-1 所示。

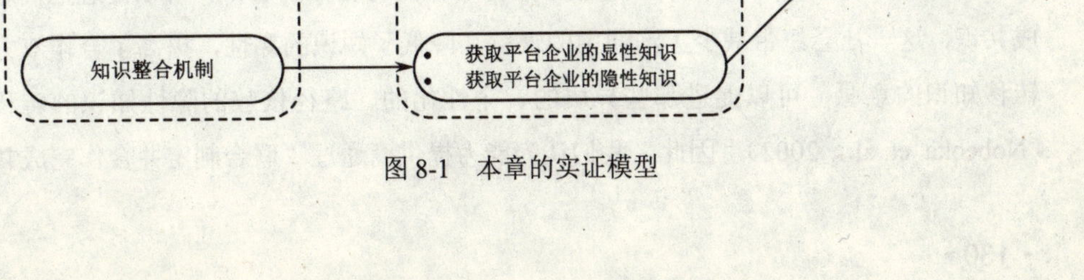


图 8-1　本章的实证模型

## 8.2 理论与假设

### 8.2.1 内容提供商获取能力提供商的知识所发挥的中介作用

在网络平台众创中，内容提供商通常很难具备开展NSD需要的所有能力，依据服务主导逻辑的观点，他们会向平台生态圈中的能力提供商索求能力补给，与能力提供商共创价值。为了提高能力补给的效率，促进价值共创的效果，平台企业打造了能力提供价值，首先，能力提供机制将能力提供商拥有的技术能力封装成可供内容提供商直接使用的标准化模块，这些模块可以通过正式的系统和语言进行传递，体现为显性知识的特征（Lamberts and Shanks，2013）。

显性知识便于内容提供商消化、吸收和应用，有助于他们创新效率的改善，能够明显提升新服务的数量，但显性知识的特征又使其容易通过市场和契约安排进行传播（Yong et al.，2013），由此导致竞争者能够较容易地获得这些知识，所以，显性知识对于新服务在市场中的声望、地位及引领性的贡献相对有限，对于新服务评分的提升作用不明显。总体上看，内容提供商可以借助能力提供机制获取能力提供商的显性知识，这些显性知识帮助内容提供商提升了新服务的数量，因此，我们提出如下假设：

假设1-1：内容提供商获取能力提供商的显性知识在能力提供机制与新服务的数量之间发挥中介作用。

此外，根据内容提供商在运营方面的需求，能力提供机制将具有运营能力的能力提供商引入平台生态圈。运营能力镶嵌在能力提供商的经验和背景之中，只能通过能力提供商与内容提供商联合制定并合作完成共同目标才能传递。Das 和 Teng（1998）指出，持有共同目标的双方对于如何合作具有相似的感知，可以促进他们达成共识，这一社会纽带减少了沟通中的误解，降低了知识的黏性，提高了合作双方转移知识的意愿，可以促进那些异质的、个性化的、路径依赖的隐性知识的转移（Nobeoka et al.，2002），因此，我们认为能力提供商通过“联合制定并合作完成共同目标”这一手段，将镶嵌在自己经验中的运营能力传递给内容提供商，这些运营能力主要体现出隐性知识的特征。

此外，就隐性知识而言，一般不存在可以直接购买的市场，因此，隐性知识通常是有价值（Valuable）、稀缺的（Rare）、难以模仿的（Inimitable）和难以替代的（Non-substitutable）（Das and Teng，2000），可以帮助内容提供商构筑可持续竞争优势，有助于提升内容提供商 NSD 的突破性，使其开发的新服务在市场中获得较高的声望和地位，受到新服务体验者的高水平评价。综上所述，内容提供商可以依托能力提供机制获取能力提供商的隐性知识，就 NSD 绩效的两个维度而言，这些隐性知识更有助于提升内容提供商所开发新服务的评分，因此，我们提出如下假设：

假设 1-2：内容提供商获取能力提供商的隐性知识在能力提供机制与新服务的评分之间发挥中介作用。

### 8.2.2　内容提供商获取新服务体验者的知识所发挥的中介作用

互动机制为内容提供商与新服务体验者的交流提供了媒介，从社会交易理论来看，在不断的交流中，他们之间相互信任并发生互惠（Reciprocity）行为（Axelrod，1984），最终产生合作租或关系租，这就使得一方向另一方传递知识，会导致知识的反向回馈，随着往复次数的增加，知识流通、融合的程度也会加深。进一步讲，基于信任的交互可以使双方形成亲密的关系，双方的互惠行为对这一关系又有持续的巩固作用，这就使得双方愿意共同花费时间，深入地沟通和交流，采用观察、隐喻、行为、应用等手段，促进那些具有黏性的、难以编码的隐性知识高效地传递（Kotabe and Mudambi，2003）。与之相反，显性知识通过直接的手段就可以获得，如纸质文件，亲密的关系对于显性知识的传递是非必需的（Yakubovich，2005），Koka 和 Prescott（2002）指出，一个基于信任的网络更多地传递敏感的、富有内涵的信息，McEvily 和 Marcus（2005）也强调，强关系对于显性知识的传递是多余的。也就是说，互动机制触发了内容提供商与新服务体验者之间的信任与互惠，这些因素更有利于内容提供商从新服务体验者处获取隐性知识。

而隐性知识是组织获取竞争力的重要源泉，更有利于提升内容提供商所开发的新服务在市场中的声望和地位，即新服务的评分。综合以上分析，我们认为互动机制帮助内容提供商从新服务体验者处获取了隐性知识，在此基础上，促进了其新服务评分的提升。因此，我们提出如下假设：

假设 2: 内容提供商获取新服务体验者的隐性知识在互动机制与新服务的评分之间发挥中介作用。

### 8.2.3 内容提供商获取平台企业的知识所发挥的中介作用

平台企业拥有大量关于平台生态圈总体运营形势以及未来发展趋势的知识，但是这些知识散落在平台企业的不同功能单元中，通常与内容提供商的创新目标无法形成良好的匹配（Marinova，2004）。为此，平台企业构建了知识整合机制，该机制对散落于平台企业不同功能单元的知识进行捕捉、分析、解释和综合，为内容提供商能够以自己可以理解的方式获取这些知识提供了途径，由此促进了内容提供商对于平台企业的知识获取（Zahra and Nielsen，2002）。知识整合机制体现为报纸杂志、专题报告、典型 NSD 项目分析、备忘录、新闻发布会等媒介的形式，这些媒介所传递的知识大多经过详细编码，易于存储，更多地体现为显性知识的特征，而传递隐性知识所需的沟通、信任、互惠行为在这一机制中体现得并不明显（Kotabe and Mudambi，2003），因此，内容提供商借助知识整合机制主要获得了平台企业的显性知识。

进一步讲，可以编码的显性知识便于内容提供商消化、吸收和应用，有助于他们改善创新效率，提升新服务的数量，但显性知识的这一特征又导致其容易通过市场或契约进行描绘和转移，路径依赖性不强，传播门槛较低，不利于内容提供商构筑可持续竞争优势，对于新服务的声望、地位及引领性的贡献相对有限，对于新服务评分的提升作用不明显。综上所述，我们认为知识整合机制帮助内容提供商获取了平台企业的显性知识，进而促进其新服务数量的提升。因此，我们提出如下假设：

假设 3: 内容提供商获取平台企业的显性知识在知识整合机制与新服务的数量之间发挥中介作用。

## 8.3　数据分析

### 8.3.1　数据质量评估

对各变量进行方差分析，所得 $p$ 值均大于 0.1，由此可见，数据采集渠道对各变量没有显著影响，三个渠道采集的数据可以合并为一个整体用于后续的统计分析。

以问卷发出后 30 天为界限，将收集到的有效问卷分成早期样本（233 份）、后期样本（153），t 检验结果表明，两组样本在个人基本信息、开发平台使用信息上无显著差异，所有参数的 $p$ 值都大于 0.1，可见无应答偏差在本研究中是不显著的。

遵循 Harman 单因子检验的思路，对平台机制和内容提供商知识获取采用未旋转的主成分分析，提取出了 9 个特征值大于 1 的因子，没有出现 1 个因子解释所有题项大部分方差的情况，可以认为 CMB 在本研究中是不显著的（Podsakoff et al.，2003）。

### 8.3.2　EFA

内容提供商 NSD 绩效的两个维度都是依据单一题项从网络平台中收集已经存在的客观数据，所以，不进行 EFA、信度检验和效度检验。

如本书第 6 章的表 6-1 和表 6-2 所示：对平台机制进行 EFA，抽取出了 3 个特征值大于 1 的因子，对应能力提供机制、互动机制、知识整合机制，累积解释方差 58.100%，且没有出现题项跨因子；对内容提供商知识获取进行 EFA，抽取出了 6 个特征值大于 1 的因子，对应内容提供商从 3 个外部知识源获取的显性知识或隐性知识，累积解释方差 79.783%，且没有出现跨因子。因此，可以通过 EFA 检验。

### 8.3.3　信度、效度检验

如本书第 6 章的表 6-1 和表 6-2 所示：所有变量的 Cronbach'α 系数均不低于

0.738，所有题项的 CITC 均不低于 0.430，可以通过信度检验。

内容效度通过我们对已有文献的分析、开展的深度访谈及预测试来保证。

针对各变量的聚合效度，我们利用 CFA 进行检验：①平台机制所对应 3 个变量的一阶 CFA 模型的拟合指标为：$\frac{\chi^2}{df}$=2.976，RMSEA=0.058，GFI=0.907，CFI=0.920，NFI=0.911，IFI=0.921。因子载荷都不低于 0.623，同时，AVE 也均未低于 0.541，可见，平台机制所对应的 3 个量表均可以通过聚合效度检验。②内容提供商知识获取所对应 6 个变量的一阶 CFA 模型的拟合指标为：$\frac{\chi^2}{df}$=4.051，RMSEA=0.072，GFI=0.920，CFI=0.939，NFI=0.925，IFI=0.941，这些参数表明这个模型可以接受。同时，所有因子载荷均不低于 0.589，所有 AVE 也均不低于 0.520，因此，这 6 个单维变量的量表都可以通过聚合效度检验。

如表 8-1 所示，每个变量 AVE 的平方根都大于这一变量与其他变量的相关系数，可以通过区分效度检验。

表 8-1　变量 AVE 平方根与 Pearson 相关系数

| | N | H | Z | NX | NY | XX | XY | PX | PY |
|---|---|---|---|---|---|---|---|---|---|
| N | 0.740 | | | | | | | | |
| H | 0.251** | 0.736 | | | | | | | |
| Z | 0.283** | 0.251** | 0.742 | | | | | | |
| NX | 0.432** | 0.231** | 0.210** | 0.723 | | | | | |
| NY | 0.426** | 0.237** | 0.232** | 0.412** | 0.735 | | | | |
| XX | 0.223** | 0.176* | 0.188* | 0.358** | 0.246** | 0.721 | | | |
| XY | 0.184* | 0.450** | 0.217** | 0.389** | 0.312** | 0.428** | 0.728 | | |
| PX | 0.188* | 0.213** | 0.428** | 0.351** | 0.285** | 0.298** | 0.236** | 0.731 | |
| PY | 0.222** | 0.187* | 0.176* | 0.307** | 0.269** | 0.305** | 0.284** | 0.450** | 0.739 |

注：表中的 N、H、Z 分别代表能力提供机制、互动机制、知识整合机制；NX 和 NY 分别代表内容提供商获取能力提供商的显性知识和隐性知识；XX 和 XY 分别代表内容提供商获取新服务体验者的显性知识和隐性知识；PX 和 PY 分别代表内容提供商获取平台企业的显性知识和隐性知识；TR 代表内容提供商技术准备度。对角线上的数据是变量 AVE 的平方根，其他数据为各变量间的相关系数。**为 $p<0.010$，*为 $p<0.050$，† 为 $p<0.100$。

### 8.3.4 假设检验

采用普通最小二乘（Ordinal Least Square，OLS）回归，分步构建回归模型，完成假设检验。在表 8-2 中，模型 1～模型 3 以新服务的数量为因变量，模型 4～模型 6 以新服务的评分为因变量，模型 7、模型 8 分别以内容提供商获取能力提供商的显性知识、内容提供商获取能力提供商的隐性知识为因变量，8 个模型的 F 值都显著，在同一个因变量下，与前一个回归模型相比，后一个回归模型的调整的 $R^2$ 均有所增加，表明后一个模型更有解释力。

遵循 Baron 和 Kenny（1986）的思路，检验内容提供商获取能力提供商的显性知识在能力提供机制与新服务的数量之间是否发挥中介作用。首先，在模型 2 中，能力提供机制（$\beta$=0.321，$p$<0.010）对新服务的数量具有正向影响，可以通过第一步检验；其次，在模型 7 中，能力提供机制（$\beta$=0.427，$p$<0.010）对内容提供商获取能力提供商的显性知识具有正向影响，可以通过第二步检验；最后，在模型 3 中，能力提供机制（$\beta$=0.154，$p$<0.050）、内容提供商获取能力提供商的显性知识（$\beta$=0.146，$p$<0.050）对新服务的数量均有正向作用，且能力提供机制的正向作用与第一步相比有所降低，所以，假设 1-1 获得支持。遵循相同思路，检验内容提供商获取能力提供商的隐性知识在能力提供机制与新服务的评分之间是否发挥中介作用。首先，在模型 5 中，能力提供机制（$\beta$=0.335，$p$<0.010）对新服务的评分具有正向影响，可以通过第一步检验；其次，在模型 8 中，能力提供机制（$\beta$=0.411，$p$<0.010）对内容提供商获取能力提供商的隐性知识具有正向影响，可以通过第二步检验；最后，在模型 6 中，能力提供机制（$\beta$=0.174，$p$<0.050）、内容提供商获取能力提供商的隐性知识（$\beta$=0.158，$p$<0.050）对新服务的评分均有正向作用，且能力提供机制的正向作用较第一步相比有所降低，所以，假设 1-2 获得支持。

表 8-2 关于内容提供商获取能力提供商显性知识和隐性知识所发挥中介作用的回归分析模型

| 变　量 | SL | | | PF | | | NX | NY |
|---|---|---|---|---|---|---|---|---|
| | 模型 1 | 模型 2 | 模型 3 | 模型 4 | 模型 5 | 模型 6 | 模型 7 | 模型 8 |
| 控制变量 | | | | | | | | |
| 年龄 | −0.125* | −0.098* | −0.035 | 0.031 | 0.024 | 0.018 | −0.015 | −0.028 |
| 性别 | 0.021 | 0.011 | 0.008 | 0.023 | 0.015 | 0.011 | 0.026 | 0.030 |
| 受教育程度 | 0.052 | 0.047 | 0.029 | 0.155* | 0.126* | 0.054 | 0.068 | 0.096* |
| 使用开放平台的年限 | 0.133* | 0.112* | 0.051 | 0.165* | 0.113* | 0.062 | 0.091* | 0.027 |
| 使用开放平台的频率 | 0.158* | 0.136* | 0.038 | 0.144* | 0.129* | 0.114* | 0.083* | 0.022 |
| 自变量 | | | | | | | | |
| N | | 0.321** | 0.154* | | 0.335** | 0.174* | 0.427** | 0.411** |
| 中介变量 | | | | | | | | |
| NX | | | 0.146* | | | | | |
| NY | | | | | | 0.158* | | |
| 统计参数 | | | | | | | | |
| F 值 | 5.138*** | 11.879*** | 13.687*** | 5.269*** | 12.011*** | 13.925*** | 13.109** | 12.981** |
| 调整的 $R^2$ | 0.137 | 0.274 | 0.381 | 0.143 | 0.285 | 0.403 | 0.286 | 0.264 |
| △调整的 $R^2$ | | 0.137 | 0.107 | | 0.142 | 0.118 | | |

注：表中的 N 代表能力提供机制；NX 和 NY 分别代表内容提供商获取能力提供商的显性知识和隐性知识；SL 代表内容提供商所开发新服务的数量，PF 代表内容提供商所开发新服务的评分；***为 $p<0.001$，**为 $p<0.010$，*为 $p<0.050$。

在表 8-3 中，模型 1、模型 9、模型 10 以新服务的评分为因变量，3 个模型的 F 值都显著，与前一个模型相比，后一个模型的调整的 $R^2$ 均有所增加，表明后一个模型更有解释力。模型 11 以内容提供商获取新服务体验者的隐性知识为因变量，F 值显著。遵循 Baron 和 Kenny（1986）的思路，检验内容提供商获取新服务体验者的隐性知识在互动机制与新服务的评分之间是否发挥中介作用。首先，在模型 9 中，互动机制（$\beta=0.352$，$p<0.010$）对新服务的评分具有正向影响，可以通过第一步检验；其次，在模型 11 中，互动机制（$\beta=0.431$，$p<0.010$）对内容提供商获取新服务体验者的隐性知识具有正向影响，可以通过第二步检验；最后，在模型 10 中，互动机制

（$\beta$=0.173，$p$<0.050）、内容提供商获取新服务体验者的隐性知识（$\beta$=0.168，$p$<0.050）对新服务的评分均有正向作用，且互动机制的正向作用较第一步相比有所降低，所以，假设 2 获得支持。

**表 8-3　关于内容提供商获取新服务体验者隐性知识所发挥中介作用的回归分析模型**

| 变　量 | PF | | | XX |
|---|---|---|---|---|
| | 模型 1 | 模型 9 | 模型 10 | 模型 11 |
| 控制变量 | | | | −0.128 |
| 年龄 | 0.031 | 0.025 | 0.015 | 0.013 |
| 性别 | 0.023 | 0.018 | 0.006 | 0.036 |
| 受教育程度 | 0.155* | 0.121* | 0.025 | 0.014 |
| 使用开放平台的年限 | 0.165* | 0.126* | 0.045 | 0.009 |
| 使用开放平台的频率 | 0.144* | 0.117* | 0.031 | |
| 自变量 | | | | |
| H | | 0.352** | 0.173* | 0.431** |
| 中介变量 | | | | |
| XX | | | 0.168* | |
| 统计参数 | | | | |
| F 值 | 5.269*** | 12.256*** | 14.218*** | 13.021** |
| 调整的 $R^2$ | 0.143 | 0.299 | 0.435 | 0.277 |
| △调整的 $R^2$ | | 0.156 | 0.136 | |

注：表中的 H 代表互动机制；XX 代表内容提供商获取新服务体验者的显性知识；PF 代表内容提供商所开发新服务的评分；***为 $p$<0.001，**为 $p$<0.010，*为 $p$<0.050。

在表 8-4 中，模型 1、模型 12、模型 13 以新服务的数量为因变量，3 个模型的 F 值都显著，与前一个模型相比，后一个模型的调整的 $R^2$ 均有所增加，表明后一个模型更有解释力。模型 14 以内容提供商获取平台企业的显性知识为因变量，F 值显著。遵循 Baron 和 Kenny（1986）的思路，检验内容提供商获取平台企业的显性知识在知识整合机制与新服务的数量之间是否发挥中介作用。首先，在模型 12 中，知识整合机制（$\beta$=0.301，$p$<0.010）对新服务的数量具有正向影响，可以通过第一步检验；其次，在模型 14 中，知识整合机制（$\beta$=0.416，$p$<0.010）对内容提供商获取平台企业的显性知识具有正向影响，可以通过第二步检验；最后，在模型 13 中，知识

整合机制（$\beta$=0.197，$p$<0.050）、内容提供商获取平台企业的显性知识（$\beta$=0.246，$p$<0.050）对新服务的数量均有正向作用，且知识整合机制的正向作用较第一步相比有所降低，所以，假设 3 获得支持。

表 8-4　关于内容提供商获取平台企业显性知识所发挥中介作用的回归分析模型

| 变　量 | SL | | | PX |
|---|---|---|---|---|
| | 模型 1 | 模型 12 | 模型 13 | 模型 14 |
| 控制变量 | | | | |
| 年龄 | −0.125* | −0.032 | −0.018 | −0.014 |
| 性别 | 0.021 | 0.011 | 0.006 | 0.011 |
| 受教育程度 | 0.052 | 0.016 | 0.012 | 0.034 |
| 使用开放平台的年限 | 0.133* | 0.112* | 0.047 | 0.051 |
| 使用开放平台的频率 | 0.158* | 0.103* | 0.041 | 0.022 |
| 自变量 | | | | |
| Z | | 0.301** | 0.197* | 0.416** |
| 中介变量 | | | | |
| PX | | | 0.246* | |
| 统计参数 | | | | |
| F 值 | 5.138*** | 11.032*** | 13.987*** | 14.209** |
| 调整的 $R^2$ | 0.137 | 0.253 | 0.416 | 0.302 |
| △调整的 $R^2$ | | 0.116 | 0.163 | 0.204 |

注：表中的 Z 代表知识整合机制；PX 代表内容提供商获取平台企业的显性知识；SL 代表内容提供商所开发新服务的数量；***为 $p$<0.001，**为 $p$<0.010，*为 $p$<0.050。

## 8.3.5 事后分析

在本章所关注的研究模型中（见图 8-1），各平台机制都有可能通过两种类型的知识获取对 NSD 绩效的两个维度产生影响，也就是说，各平台机制通过知识获取对 NSD 绩效发挥作用的路径可能有 4 条。前文通过理论推导，给出了我们认为显著存在的作用路径，统计分析也支持了我们的假设，但是我们无法根据这一分析结果充分地判断其他可能的作用路径是否显著存在。本节遵循 Baron 和 Kenny（1986）的思路，对前文未重点关注的作用路径进行分析，由此更加全面地把握平台机制对于

NSD 绩效的作用机理。

### 1. 内容提供商获取能力提供商知识所发挥中介作用的事后分析

如前文所述，能力提供机制对于新服务的数量（$\beta$=0.321，$p$<0.010，见表 8-2 中的模型 2）、内容提供商获取能力提供商的隐性知识（$\beta$=0.411，$p$<0.010，见表 8-2 中的模型 8）均有正向作用，但是表 8-5 中的模型 15 表明，能力提供机制与内容提供商获取能力提供商的隐性知识对新服务的数量同时发挥作用时，前者的路径系数（$\beta$=0.330，$p$<0.010）与表 8-2 中模型 2 的路径系数相比并未减少，所以，内容提供商获取能力提供商的隐性知识在能力提供机制与新服务的数量之间无显著的中介作用。

表 8-5　关于内容提供商获取能力提供商知识所发挥中介作用的事后分析模型

| 变　量 | SL | PF |
|---|---|---|
| | 模型 15 | 模型 16 |
| 控制变量 | | |
| 年龄 | −0.021 | 0.014 |
| 性别 | 0.015 | 0.009 |
| 受教育程度 | 0.033 | 0.052 |
| 使用开放平台的年限 | 0.046 | 0.041 |
| 使用开放平台的频率 | 0.032 | 0.036 |
| 自变量 | | |
| N | 0.330** | 0.338** |
| 中介变量 | | |
| NX | | 0.084 |
| NY | 0.087 | |
| 统计参数 | | |
| F 值 | 12.215*** | 12.451*** |
| 调整的 $R^2$ | 0.289 | 0.308 |

注：表中的 N 代表能力提供机制；NX 代表内容提供商获取能力提供商的显性知识，NY 代表内容提供商获取能力提供商的隐性知识；SL 代表内容提供商所开发新服务的数量，PF 代表内容提供商所开发新服务的评分；***为 $p$<0.001，**为 $p$<0.010。

同理，虽然能力提供机制对于新服务的评分（$\beta$=0.335，$p$<0.010，见表 8-2 中的模型 5）、内容提供商获取能力提供商的显性知识（$\beta$=0.427，$p$<0.010，见表 8-2 中的模型 7）均有正向作用，但是表 8-5 中的模型 16 表明，能力提供机制与内容提供商获取能力提供商的显性知识对新服务的评分同时发挥作用时，前者的路径系数（$\beta$=0.338，$p$<0.010）与表 8-2 中模型 5 的路径系数相比并未减少，所以，内容提供商获取能力提供商的显性知识在能力提供机制与新服务的评分之间无显著的中介作用。

**2．内容提供商获取新服务体验者知识所发挥中介作用的事后分析**

如表 8-6 所示，互动机制对于新服务的数量（$\beta$=0.159，$p$<0.050，见模型 17）、内容提供商获取新服务体验者的显性知识（$\beta$=0.145，$p$<0.050，见模型 21）均有正向作用，但是模型 18 表明，互动机制与内容提供商获取新服务体验者的显性知识对新服务的数量同时发挥作用时，前者的路径系数（$\beta$=0.167，$p$<0.050）与模型 17 中的路径系数相比并未减少，所以，内容提供商获取新服务体验者的显性知识在互动机制与新服务的数量之间无显著的中介作用。

同理，互动机制对于新服务的数量（$\beta$=0.159，$p$<0.050，见表 8-6 中的模型 17）、内容提供商获取新服务体验者的隐性知识（$\beta$=0.431，$p$<0.010，见表 8-3 中的模型 11）均有正向作用，但是表 8-6 中的模型 19 表明，互动机制与内容提供商获取新服务体验者的隐性知识对新服务的数量同时发挥作用时，前者的路径系数（$\beta$=0.154，$p$<0.050）与表 8-6 中模型 17 的路径系数相比虽然有所减少，但是后者的路径系数（$\beta$=0.084，$p$>0.100）不显著，所以，内容提供商获取新服务体验者的隐性知识在互动机制与新服务的数量之间无显著的中介作用。

此外，互动机制对于新服务的评分（$\beta$=0.352，$p$<0.010，见表 8-3 中的模型 9）、内容提供商获取新服务体验者的显性知识（$\beta$=0.145，$p$<0.050，见表 8-6 中的模型 21）均有正向作用，但是表 8-6 中的模型 20 表明，互动机制与内容提供商获取新服务体验者的显性知识对新服务的评分同时发挥作用时，前者的路径系数（$\beta$=0.355，$p$<0.010）与表 8-3 中模型 9 的路径系数相比并未减少，所以，内容提供商获取新服务体验者的显性知识在互动机制与新服务的评分之间无显著的中介作用。

表 8-6　关于内容提供商获取新服务体验者知识所发挥中介作用的事后分析模型

| 变　量 | SL | | | PF | XX |
|---|---|---|---|---|---|
| | 模型 17 | 模型 18 | 模型 19 | 模型 20 | 模型 21 |
| 控制变量 | | | | | −0.019 |
| 年龄 | −0.056 | −0.047 | −0.036 | 0.012 | 0.020 |
| 性别 | 0.009 | −0.010 | −0.015 | 0.014 | 0.054 |
| 受教育程度 | 0.031 | 0.028 | 0.021 | 0.085 | 0.093* |
| 使用开放平台的年限 | 0.102* | 0.061 | 0.047 | 0.112* | 0.044 |
| 使用开放平台的频率 | 0.114* | 0.044 | 0.035 | 0.081 | |
| 自变量 | | | | | |
| H | 0.159* | 0.167* | 0.154* | 0.355** | 0.145* |
| 中介变量 | | | | | |
| XX | | 0.108* | | 0.067 | |
| XY | | | 0.084 | | |
| 统计参数 | | | | | |
| F 值 | 9.763*** | 12.842*** | 10.157*** | 12.578*** | 12.979** |
| 调整的 $R^2$ | 0.242 | 0.355 | 0.285 | 0.341 | 0.256 |
| △调整的 $R^2$ | 0.105 | 0.113 | 0.043 | 0.042 | |

注：表中的 H 代表互动机制；XX 代表内容提供商获取新服务体验者的显性知识，XY 代表内容提供商获取新服务体验者的隐性知识；SL 代表内容提供商所开发新服务的数量，PF 代表内容提供商所开发新服务的评分；***为 $p<0.001$，**为 $p<0.010$，*为 $p<0.050$。

## 3. 内容提供商获取平台企业知识所发挥中介作用的事后分析

如表 8-4 中的模型 12 所示，知识整合机制（$\beta=0.301$，$p<0.010$）对新服务的数量具有正向作用，表 8-7 中的模型 26 表明，知识整合机制（$\beta=0.416$，$p<0.010$）对内容提供商获取平台企业的隐性知识具有正向作用，但是表 8-7 中的模型 22 表明，当知识整合机制和内容提供商获取平台企业的隐性知识对新服务的数量同时发生作用时，前者的作用强度（$\beta=0.307$，$p<0.010$）与表 8-4 中的模型 12 相比并未减弱，所以，内容提供商获取平台企业的隐性知识在知识整合机制与新服务的数量之间无显著的中介作用。

同理，知识整合机制对于新服务的评分（$\beta=0.163$，$p<0.050$，见表 8-7 中的模型 23）、内容提供商获取平台企业的显性知识（$\beta=0.145$，$p<0.010$，见表 8-4 中的模型

14）均有正向作用，但是知识整合机制与内容提供商获取平台企业的显性知识对新服务的评分同时发挥作用时，前者的路径系数（$\beta$=0.165，$p$<0.050，见表 8-7 中的模型 24）与表 8-7 中模型 23 的路径系数相比并未减少，所以，内容提供商获取平台企业的显性知识在知识整合机制与新服务的评分之间无显著的中介作用。

此外，知识整合机制对于新服务的评分（$\beta$=0.163，$p$<0.050，见表 8-7 中的模型 23）、内容提供商获取平台企业的隐性知识（$\beta$=0.154，$p$<0.010，见表 8-7 中的模型 26）均有正向作用，但是知识整合机制与内容提供商获取平台企业的隐性知识对新服务的评分同时发挥作用时，前者的路径系数（$\beta$=0.167，$p$<0.050，见表 8-7 中的模型 25）与表 8-7 中模型 23 的路径系数相比并未减少，所以，内容提供商获取平台企业的隐性知识在知识整合机制与新服务的评分之间无显著的中介作用。

**表 8-7　关于内容提供商获取平台企业知识所发挥中介作用的事后分析模型**

| 变　量 | SL | PF | | | PY |
|---|---|---|---|---|---|
| | 模型 22 | 模型 23 | 模型 24 | 模型 25 | 模型 26 |
| 控制变量 | | | | | |
| 年龄 | −0.022 | 0.020 | 0.020 | 0.014 | −0.011 |
| 性别 | 0.009 | 0.014 | 0.014 | 0.007 | 0.014 |
| 受教育程度 | 0.014 | 0.087 | 0.087 | 0.056 | 0.018 |
| 使用开放平台的年限 | 0.041 | 0.116* | 0.085 | 0.074 | 0.021 |
| 使用开放平台的频率 | 0.048 | 0.109* | 0.052 | 0.046 | 0.005 |
| 自变量 | | | | | |
| Z | 0.307** | 0.163* | 0.165* | 0.171* | 0.154* |
| 中介变量 | | | | | |
| PX | | | 0.110* | | |
| PY | 0.096 | | | 0.167* | |
| 统计参数 | | | | | |
| F 值 | 11.672*** | 9.521*** | 12.158*** | 12.684*** | 12.789** |
| 调整的 $R^2$ | 0.271 | 0.238 | 0.347 | 0.402 | 0.248 |
| △调整的 $R^2$ | 0.018 | 0.095 | 0.204 | 0.164 | |

注：表中的 Z 代表知识整合机制；PX 代表内容提供商获取平台企业的显性知识，PY 代表内容提供商获取平台企业的隐性知识；SL 代表内容提供商所开发新服务的数量，PF 代表内容提供商所开发新服务的评分；***为 $p$<0.001，**为 $p$<0.010，*为 $p$<0.050。

事后分析结果表明：只有本章假设检验部分所证实的 4 种类型的知识获取在平台机制与内容提供商 NSD 绩效之间发挥中介作用，也就是说，平台机制经由这 4 类知识获取对内容提供商 NSD 绩效发生作用。

## 8.4　研究结论

本章主要得出如下研究结果：

第一，能力提供机制以内容提供商获取能力提供商的显性知识、隐性知识为中介，分别对内容提供商所开发新服务的数量、新服务的评分发挥正向作用。

第二，互动机制以内容提供商获取新服务体验者的隐性知识为中介，对内容提供商所开发新服务的评分发挥正向作用。

第三，知识整合机制以内容提供商获取平台的显性知识为中介，对内容提供商所开发新服务的数量发挥正向作用。

第四，从总体上看，平台机制可以通过四条不同的路径推动内容提供商知识获取进而提升其 NSD 绩效，具体如图 8-2 所示。

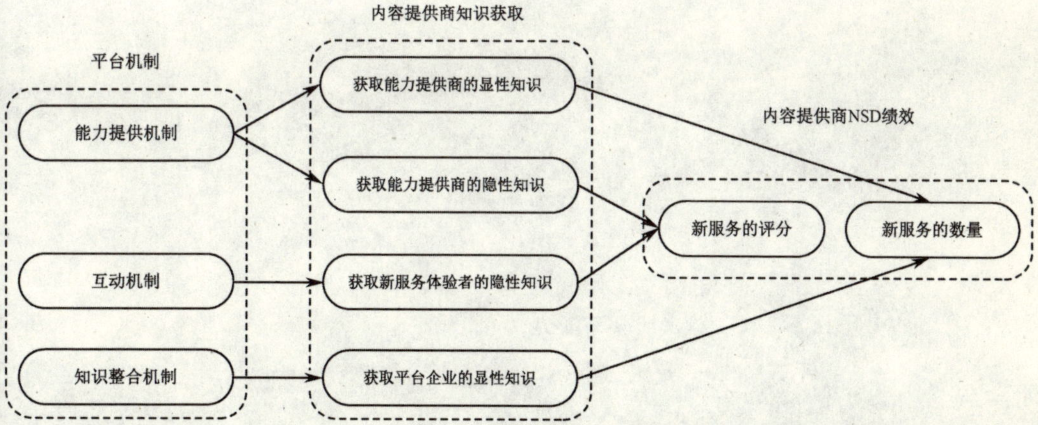


图 8-2　平台机制以内容提供商知识获取为中介提升其 NSD 绩效的路径

本章利用实证的方法重点分析了各平台机制以内容提供商哪一类知识获取为桥梁，对其NSD绩效的哪个维度产生影响，由此揭示了平台机制以内容提供商知识获取为中介提升其NSD绩效的4条路径（见图8-2），立足内容提供商的视角阐明了网络平台众创的内部机理，打开了其中存在的“黑箱”，在上文案例研究的基础上，进一步完善了网络平台众创的理论框架，丰富了“互联网+双创”背景下创新管理领域的理论积累。

第 9 章

# 以内容提供商为观测单元的拓展性研究

## 9.1 问题的提出

ICT 的飞速发展及网络环境的形成催生了大批平台企业，也为 NSD 模式推陈出新提供了契机（华中生，2013）。以苹果、谷歌、中国移动、腾讯、360 为代表的平台企业，依托 ICT 搭建起开放式网络平台，把过去由自己完成的 NSD 任务（如开发软件、游戏）交给以内容提供商为代表的业余阶层去完成，依靠大众智慧，推动社会创新（刘志迎等，2015）。网络平台是内容提供商进行 NSD 的支点，因此，平台企业设计了一系列支撑服务，通过网络平台传递给内容提供商，这些支撑服务具有电子化的特征，体现为自助服务的形式，这就使得内容提供商成了服务传递的最终实现者（Shriver et al.，2013），他们与网络平台之间的人机交互，对于他们感知网络平台服务质量、提升自身 NSD 绩效具有重要影响（Taherdoost et al.，2014）。

综观现有文献，学者们已经发现 ICT 的介入对于 NSD 流程的改善及 NSD 绩效的提升具有重要意义，但是这些研究通常选取百货商场、银行、医院等传统服务型企业为研究对象（李雷等，2012a），这就导致在这些背景下得出的研究结论对基于网络平台的 NSD 模式解释力有限，现有文献尚无法系统解释：在内容提供商——这一新兴 NSD 开展者的视角下，人机交互究竟应该如何界定？它的组成元素对于内容提供商感知网络平台服务质量及其 NSD 绩效有何影响？存在一个“黑箱”。

本章以 MIS 领域的任务技术匹配理论为核心理论基础，并结合本书第 4 章案例研究的发现，构建内容提供商视角下人机交互、网络平台服务质量与 NSD 绩效的理论模型，在此基础上提出相关研究命题，旨在揭示内容提供商视角下人机交互的组成因素，以及这些因素对内容提供商感知网络平台服务质量、内容提供商 NSD 绩效的影响路径，从机理层面打开“以开放式网络平台为依据的 NSD 模式”这一黑箱，丰富 NSD 领域在网络平台情境下的理论积累，推动相关概念及理论向网络平台情境繁衍与深化。

## 9.2 相关概念与理论探析

### 9.2.1 人机交互及其组成因素

人机交互源于 MIS 领域，该领域学者对于它的理解已经比较统一，将其界定为“在一定的商务、管理、组织、文化环境中，人与技术、任务进行的互动，其中，人、技术、任务是基本因素，它们之间的交互是核心因素，环境是背景因素”（Zhang and Li，2005；Zhang and Galletta，2006）。

人机交互涉及多种因素，MIS 领域的任务技术匹配理论为我们进一步界定各因素的含义提供了良好的视角（Goodehue，1995；Goodhue and Thompson，1995），该理论的基本框架由“技术-绩效链”（Technology to Performance Chain，TPC）构成。如图 9-1 所示，TPC 描述了人机交互对个人使用技术后所能获得绩效的作用机制，其中，与匹配理论相关的部分表征了人机交互的组成因素以及它们之间的关系，具体地讲，技术特征、任务特征、个人特征代表了人机交互的三个基本因素，任务技术匹配代表了人、技术、任务之间的互动，是人机交互的核心因素，三个基本因素对这一核心因素均有直接影响（Parkes，2013）。

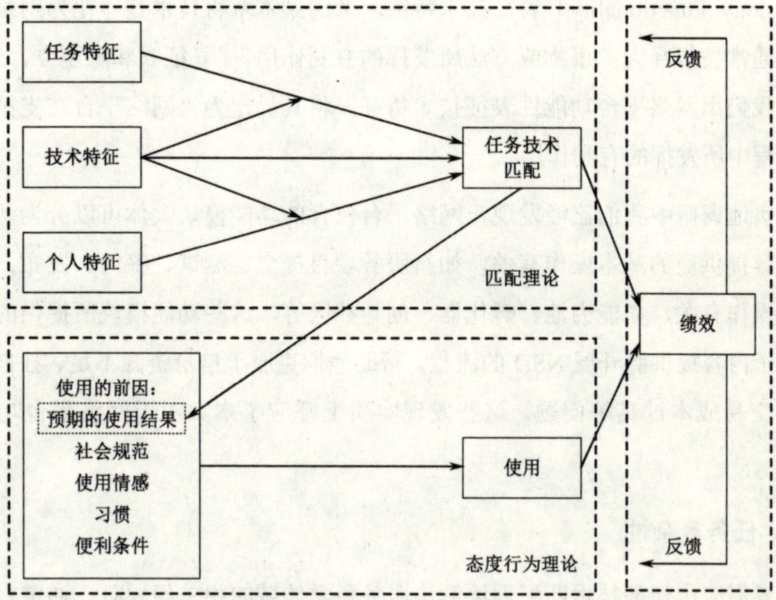


图 9-1　任务技术匹配理论的基本框架

任务技术匹配理论源于 MIS 领域（Furneaux，2012；陶洪和徐福缘，2012），已有部分学者将其引入服务科学领域，用于解决网络服务环境下的相关问题（Cai et al.，2012；Aljukhada et al.，2014；李雷等，2016），由此表明该理论在网络服务环境下具有适用性，这些学者的研究为本章基于内容提供商的视角界定人机交互的组成因素提供了重要理论依据。此外，在本书第 4 章中，我们已经针对中国移动应用商场等进行了案例研究，所得结论和启发是本章界定人机交互组成因素的现实素材。综合这些观点，可做如下分析。

### 1. 网络平台功能性

在 TPC 中，Goodhue 和 Thompson（1995）将技术特征解释为“对于技术所具备功能性的描述”，之后，丁林（2008）、周涛等（2009）、D’Ambra 等（2013）在关于网上银行服务、移动银行服务、电子书阅读服务的研究中，直接用技术功能性（Technology Functionality）表征技术特征，考虑到本章将技术具体化为网络平台，且功能通常被解释为“事物或方法所发挥的有利作用”（夏征农和陈至立，2010），因此，我们用网络平台功能性表征技术特征，将其界定为“网络平台在支撑服务的传递过程中所发挥的有利作用”。

在实地调研中我们已经发现，网络平台包含的功能模块大体可以分为两类：一类与内容提供商的基本操作有关，如新服务项目提交、测试、签约、发布；另一类与高级操作有关，如能力池、孵化器、创新社区等，这些功能模块所提供的支撑服务理顺了内容提供商开展 NSD 的流程，帮助他们克服了自身资源不足、独自搜寻外部资源交易成本过高等问题。这些发现实质上呼应了本章对于网络平台功能性的界定。

### 2. 任务复杂性

学者们应用任务技术匹配理论解决服务科学领域的相关问题时，通常将任务特征概念化为任务复杂性（Task Complexity）（Furneaux，2012；陶洪和徐福缘，2012；李雷等，2016），就本章所立足的情境而言，内容提供商加入网络平台是为了高效地完成手机应用、数字商品等 NSD 任务，不同的 NSD 任务其复杂程度存在差异，例如，与开发音乐、动漫、杂志、图集相比，开发软件、游戏就更加复杂（李雷等，2015a 和 2015b）。

学术界对于任务的理解已经比较统一，他们认为“任务是人们为了使自己的工作和生活向前发展而需要完成的活动”（Liu 和 Li，2012），但是对于任务复杂性的认知却从两个视角展开：多数学者（Wood，1986；Campbell，1988；Bonner，1994；Harvey，1997；Schraagen，2011；Ham et al.，2012）认为任务复杂性是独立于任务执行者而客观存在的，也有少数学者（Brown and Miller，2000）指出任务复杂性是一个主观的、相对的概念，它是任务特征和任务执行者特征相交互的产物。

本章遵循大多数学者的观点，从客观的视角看待任务复杂性，依据 Campbell（1988）在 *Academy of Management Review* 期刊上提出的观点，本章将任务复杂性定义为“多种路径、多种目标及它们存在冲突的表现特征”，体现为：①存在多条潜在路径可以完成任务；②一个任务有多个期望的结果；③实现一种期望的结果和实现另一种期望的结果存在冲突；④潜在的路径和期望的结果无法确定相连。

**3．技术准备度**

在实地调研中我们发现，不同的内容提供商对于网络平台功能模块（包括与 NSD 常规流程相关的基本操作模块，以及能力池、孵化器、创新社区等高级操作模块）的采纳倾向存在差别，有些内容提供商认为这些功能模块对于他们很有帮助，乐意接受，还有些则认为这些功能模块是充满了不确定性的新技术，会带来种种麻烦，所以比较抵制。

基于此，本章选取“技术准备度”——这一在网络服务背景下提出的、全面反映个人技术采纳特质的变量来表征个人特征，依据 Parasuraman（2000）的观点：“技术准备度是指人们主动采纳并利用新技术去实现生活或工作目标的一种倾向”，它所包含的四个维度——乐观性、创新性、不适性和风险性，代表了个人对技术所持的基本观点。综观现有文献，学者们在应用任务技术匹配理论解决网络服务环境下的具体问题时，通常用个人对互联网的熟悉程度（Wells et al.，2003）、个人使用计算机的年限（D’Ambra and Wilson，2004；D’Ambra et al.，2013）、个人使用计算机的能力（D’Ambra and Wilson，2004；D’Ambra et al.，2013）等变量描述个人特征，这些变量均与个人对于技术的后天体验有关，鲜有学者使用能够从个人特质层面体现个人对技术亲近或排斥程度的变量表征个人特征，本章的研究可以在某种程度上弥补这一缺憾。

**4．任务技术匹配**

Goodhue 和 Thompson（1995）将任务技术匹配解释为“技术对于个人所期望完成任务的支持程度，即任务需求、个人能力与技术功能之间的一致性”，这一观点在网络服务环境下的相关研究中被广泛采用（Klopping and McKinney，2004；D’Ambra et al.，2013；丁林，2008；周涛等，2009），我们也借鉴这一观点，将任务技术匹配界定为“网络平台对内容提供商期望完成的 NSD 任务的支持程度，即 NSD 任务需求、内容提供商个人能力、网络平台功能性之间的一致性”。

### 9.2.2 网络平台服务质量

服务科学领域的学者将电子服务解释为“服务提供者和顾客通过整合和共享资源共同提出一整套数字化解决方案，并通过虚拟站点和虚拟渠道进行交互，从而不断增强服务生态系统适应性和持久性的价值共创过程”（李雷，2014）。这一定义提及的“虚拟站点和虚拟渠道”具体体现为网络平台的形式，Moon 和 Kim（2001）、Loiacono 等（2002）甚至直接用“网络平台服务”作为“电子服务”的代名词，据此我们认为，虽然现有文献较少直接提及网络平台服务，但是它与电子服务在含义上具有互通性，电子服务质量的理论积累可以为网络平台服务质量的相关研究提供支撑。

在服务科学领域，学者们普遍认为电子服务质量是对电子服务效率和效果的评价，效率（Efficiency）、系统可用性（System Availability）、私密性（Privacy）、实现（Fulfillment）是学者们重点关注的四个维度（李雷和简兆权，2012）。据此，我们将网络平台服务质量界定为“对网络平台服务效率和效果的评价”，同样遵循以上四个维度。

Parasuraman 等（2005）基于心理学领域的手段目的链理论（Means end Chain Theory）构建了电子服务质量理论模型，该模型表明：电子服务质量的各个维度是顾客对以技术为支撑的交互界面所持的种种态度信念（Attitudinal Beliefs），即顾客对行为结果可能性的评价，决定着个人的技术采纳行为（Ajzen，1991）。这些态度信念是电子服务质量的外在表现形式，电子服务质量就是这些态度信念背后的一个潜因子。Zeithaml 等（2002）、Parasuraman 等（2005）、李雷和简兆权（2013）等学者通过研究发现，交互界面的技术特征（如界面布局、搜索引擎、一键订货）、顾客的人口统计学特征和心理特征对顾客感知电子服务质量具有影响，应该将其视为电子服务质量的前因。这些研究结论对于本章探讨网络平台质量具有重要的理论指导意义。

### 9.2.3 NSD 绩效

学者们通常将 NSD 绩效划分为多个维度，用财务指标（如收益、利润、边际利润等）或其他指标（如销售量、市场占有率等）对其进行测量（Alrubaiee，2013），已经存在一系列与之相关的量表，以这些量表为基础，学者们利用问卷调查法，通过问卷填写者的主观感知对 NSD 绩效进行评价（李雷等，2012a）。

如前文所述，也有少数学者另辟蹊径，依据客观数据评价 NSD 绩效，Ordanini 和 Parasuraman（2011）就是典型代表，他们将 NSD 绩效分为“新服务的数量”和“新服务的突破性”两个维度，前者代表 NSD 的广度，后者代表 NSD 的深度（公司所开发的新服务与市场中已有服务的差别，主要体现在这些新服务在市场中的声望和引领性）。本章借鉴这一观点，依据“新服务的数量”和“新服务的评分”两个维度测量 NSD 绩效，前者可以通过“内容提供商每年开发新服务的数量”进行测量，后者通过“内容提供商每年开发的新服务所获得的平均评分”来测量，在网络平台中，这些评分体现为不同的星级，代表了新服务在市场中的声望、地位和认可度（Berger，2014），与 Ordanini 和 Parasuraman（2011）所关注的“新服务的突破性”具有相近的含义。

现有文献已经发现，ICT 的介入对于 NSD 流程的改善及 NSD 绩效的提升具有重要意义，但是这些结论大多是以百货商场、银行、医院等传统服务型企业为研究对象得出的（李雷等，2012a），在内容提供商的视角下应该如何修正和完善有待探讨。

## 9.3 模型的构建

如上文所述，任务技术匹配理论中与匹配理论相关的部分为本章基于内容提供商的视角界定人机交互的组成因素提供了重要理论依据，但是任务技术匹配理论对于本章的指导作用并非仅此而已。如图 9-1 所示，任务技术匹配理论的基本框架系统地阐明了人机交互对个人使用技术后所能获得绩效的作用机制，这一完整的逻辑脉络实质上对于本章基于内容提供商的视角构建人机交互、网络平台服务质量与NSD绩效的理论模型同样具有重要的指导意义。

具体地讲，在上文中我们已经分析到任务技术匹配理论中的技术特征、个人特征、任务特征以及三者之间的匹配，可以恰当地对应人机交互的四个组成元素——技术、操作者、任务、互动，本章基于网络平台的情境，将技术特征、个人特征、任务特征具体化为网络平台功能性、内容提供商技术准备度、任务复杂性，由此对内容提供商视角下人机交互及其组成元素进行了操作化定义。进一步讲，任务技术匹配理论中预期的使用结果代表了个人对技术所持有的态度信念（Goodhue，2006），网络平台服务质量就是内容提供商感知网络平台的属性后形成的一系列态度信念（Parasuraman et al.，2005），因此，两者在理论内涵上具有相通性。此外，本章仅立足内容提供商的视角探讨人机交互对网络平台服务质量感知及NSD绩效的影响，对使用情感、社会规范、习惯、便利条件等因素不做考虑。本章仅选取对于网络平台具有使用经历的内容提供商作为研究对象，并非探讨内容提供商对于网络平台的使用行为，对于使用这一变量也不做考虑。综合以上分析，同时借鉴现有文献所指出的“交互界面特征、顾客特征对于顾客感知电子服务质量具有影响”等观点（Zeithaml et al.，2002；Parasuraman et al.，2005；李雷和简兆权，2013），可以构建出本章的理论模型，具体如图9-2所示。

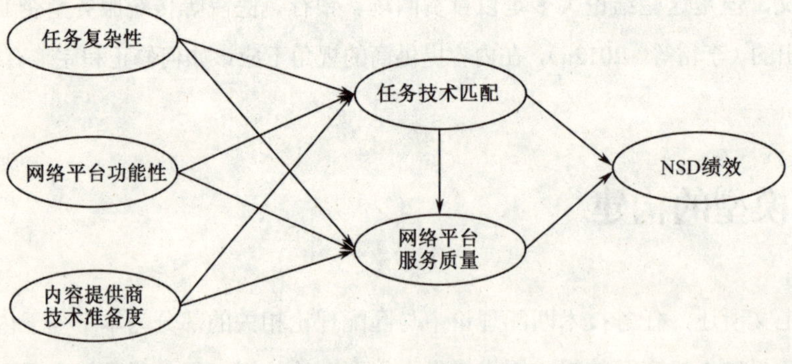


图9-2　内容提供商视角下人机交互、网络平台服务质量与NSD绩效的理论模型

## 9.4　研究命题的提出

图 9-2 中的理论模型为我们剖析内容提供商视角下人机交互、网络平台服务质量与 NSD 绩效的关系提供了框架，为了进一步阐明该模型的理论内涵与核心观点，笔者将在此基础上提出相关命题。

### 9.4.1　人机交互组成因素对网络平台服务质量作用机理的研究命题

#### 1．直接作用

早在 20 世纪 80 年代，技术采纳领域的大批学者通过研究发现：系统的技术特征对个人采纳技术时的态度信念具有影响（Davis et al.，1989）。Parasuraman 等（2005）指出：电子服务质量的维度实质上就是个人对以技术为支撑的交互界面所持的种种态度信念，这些态度信念是电子服务质量的外在表现形式，电子服务质量就是这些态度信念背后的一个潜因子。综合这些观点，我们可以认为：系统的技术特征在影响个人的态度信念时，实质上也就是在影响个人对于电子服务质量的感知。

如上文所述，虽然现有文献较少直接提及网络平台服务，但是它与电子服务在含义上具有互通性，电子服务质量的相关研究结论可以为我们探讨网络平台服务质量提供支撑，此外，本章将系统的技术特征具体化为网络平台功能性，高水平的网络平台功能性为内容提供商合理地操控网络平台的各个功能模块提供了保障，可以促使网络平台服务的过程更加流畅，结果更加可靠，从而全面地提高了网络平台服务的效率和效果（D’Ambra et al.，2013；丁林，2008；周涛等，2009），在这种状态下，内容提供商会对网络平台服务质量给予高水平的评价。综合以上分析，我们提出如下命题：

**命题 1：网络平台功能性对内容提供商感知网络平台服务质量具有正向作用。**

技术采纳领域的研究表明：个人对外部变量进行感知后，可以形成一系列态度信念，这些外部变量既包含系统的技术特征，也包含个人所需完成任务的特征（Davis et al.，1989）。依据这一观点，我们可以认为任务特征对于个人对技术所持的态度信念会产生影响。Parasuraman 等（2005）的研究表明：个人对技术所持的种种态度信念实质上就是电子服务质量的外在体现形式，电子服务质量是这些态度信念背后的一个潜在因子。基于此，我们推测：任务特征在影响个人的态度信念时，实质上也就是在影响个人对于电子服务质量的感知。

在本章所关注的网络平台情境中，任务特征被概念化为任务复杂性，电子服务质量被概念化为网络平台服务质量。任务复杂性高，意味着内容提供商在执行 NSD 任务时面临多种路径、多种目标以及由此造成的多种冲突（Campbell，1988），这些冲突将导致 NSD 任务的流程、步骤等趋于模糊化，内容提供商需要耗费大量的时间和精力才能摸索出完成任务的恰当路径，这就使得他们会主观地认为网络平台服务的效率处于较低水平（彭正银和韩炜，2011）；此外，任务复杂性高还会增加完成任务的难度，致使内容提供商难以获得自己满意的结果，由于网络平台是进行 NSD 的支点，内容提供商会从主观上认为网络平台服务的效果处于较低水平。当网络平台服务的效率和效果均处于较低水平时，网络平台服务质量自然无法得到保障。综合以上分析，我们提出如下命题：

**命题 2：任务复杂性对内容提供商感知网络平台服务质量具有负向作用。**

在现有研究中，已经有学者发现技术准备度对电子服务质量感知具有正向影响（Parasuraman and Colby，2001；Zeithaml et al.，2002；Parasuraman et al.，2005；Liljander et al.，2006；张浩，2006），虽然这些研究围绕在线购物展开，但是据此我们至少可以在某种程度上判断内容提供商技术准备度对其感知网络平台服务质量也有正向作用。

从另一个角度讲，电子服务质量是一个多维构念，它的各个维度可以被视为个人对交互界面的技术属性所持的态度信念，这些态度信念是电子服务质量的外在表现形式（Parasuraman et al.，2005），如果技术准备度对这些态度信念具有正向影响，那么，至少可以在某种程度推测出技术准备度与电子服务质量之间存在正向的关联性。在现有文献中存在相关证据：Lin 和 Hsieh（2006）、Lin 等（2007）、Walczuch 等（2007）的研究表明：个人的技术准备度对于他们感知技术的易用性（ease of use）和有用性（usefulness）有显著的正向影响，这两种态度信念对应了电子服务质量两个最为重要的维度——效率和实现（Parasuraman et al.，2005），这也是电子服务质量的核心内容，由此我们推测：个人的技术准备度对电子服务质量的两个核心维度具有正向影响，进而会提升个人对于电子服务质量整体水平的评价。具体到本章所立足的情境，我们将电子服务质量概念化为网络平台服务质量，所以，我们提出如下命题：

**命题 3：内容提供商技术准备度对内容提供商感知网络平台服务质量具有正向作用。**

虽然鲜见学者基于内容提供商的视角探讨任务技术匹配与网络平台服务质量的关系，但是我们可以从任务技术匹配理论的相关文献中找到相关证据。

由 TPC 可知（见图 9-1），任务技术匹配对预期的使用结果具有影响，预期的使用结果代表了个人对技术所持的一系列态度信念（Goodhue，2006）。大量学者基于企业内部的工作情境，验证了任务技术匹配与这些态度信念的关系，例如，Dishaw 和 Strong（1999）将任务技术匹配理论与技术采纳模型（technology acceptance model，TAM）相整合，实证结果表明：任务技术匹配对感知易用性具有正向影响，虽然这一研究也涉及任务技术匹配与感知有用性的关系，但是检验结果并不显著，Dishaw 和 Strong（1999）认为可能是样本量过小所致。周涛等（2009）、孙元（2010）、王长林等（2011）特别关注了任务技术匹配对感知有用性的作用，结果表明两者呈正向关系，由此可见，Dishaw 和 Strong（1999）的解释是不无道理的。也有学者（例如，高平等，2004；盛亚和尹宝兴，2011）同时关注了任务技术匹配对感知易用性和感知有用性的影响，他们发现任务技术匹配对两者都有正向作用。董铁牛等（2007）、Chang（2008）也探讨了任务技术匹配如何影响个人对技术所持的态度信念，在他们所关注的态度信念中，不但包含易用性、有用性这类常见的变量，还包含风险性、趣味性这些较少被探讨的变量，结果表明任务技术匹配对这些变量均有显著的影响。有少量学者基于非工作环境探讨了任务技术匹配如何影响个人的态度信念，例如，Klopping 和 McKinney（2004）关于在线购物的研究、丁林（2008）关于网上银行的研究均表明：在非工作环境下，任务技术匹配对易用性和有用性仍然具有正向的作用。综合这些研究结论我们认为，在工作或非工作环境下，任务技术匹配与有用性、易用性等态度信念均具有正向的关系。

如上文所述，电子服务质量的外在体现形式实质上就是顾客对技术所持的态度信念，同时，易用性、有用性在这些态度信念中对于电子服务质量来说尤为重要，此外，风险性也是电子服务质量的维度中经常涉及的内容（Parasuraman et al.，2005），这些态度信念在某种程度上可以被视为电子服务质量的代表，因此，我们由“任务技术匹配对易用性、有用性、风险性具有显著的影响”这一结论可以进一步推导出：任务技术匹配与电子服务质量之间有显著的正向关系。

具体到本章所立足的研究情境，电子服务质量被概念化为网络平台服务质量，因此，我们提出如下命题：

**命题 4：任务技术匹配对内容提供商感知网络平台服务质量具有正向作用。**

## 2. 交互作用

心理学领域的激活理论将激活水平定义为“脑干网状结构的兴奋程度”，同时指出，个人的激活水平受外界刺激的强度、变化性、不确定性的影响，这些指标的水平越高，个人的激活水平也就越高，由此导致个人对于事物的选择性注意力增强（Scott，1966）。本章所关注的任务复杂性体现为“多种路径、多种目标及它们存在冲突的表现特征”（Campbell，1988），可以被视为外界环境中的一系列刺激。依据激活理论的观点，随着任务复杂性的提升，内容提供商的激活水平将被逐步唤醒，他们对于网络平台各个功能模块（“与任务相关的事物”）的选择性注意力也会不断增强，这就使得他们能够对这些功能模块进行更加深入的理解、剖析、应用和挖掘，在此过程中，他们会感觉到网络平台功能性在网络平台服务质量水平的提升中发挥着更加重要的作用。因此，我们提出如下命题：

**命题 5：任务复杂性与网络平台功能性的交互对内容提供商感知网络平台服务质量具有正向作用。**

心理学领域的认知资源理论指出，个人与技术进行互动时需要承担一定的认知阐述，并为此付出认知资源，互动的频率越高、程度越深，付出的认知资源也就越多（彭聃龄，2004）。Zhu 等（2007）的研究则表明：技术准备度与个人在信息加工中能够投入的认知资源正相关。就本章关注的问题而言，具有高水平技术准备度的内容提供商，拥有大量的认知资源，这就为他们与以 ICT 为支撑的网络平台进行互动，完成相应的认知阐述创造了条件。高水平的认知阐述可以帮助内容提供商深入地挖掘所关注功能模块的内涵，恰当地把握它们的适用情景，此时，内容提供商更加容易感知到网络平台所提供支撑服务的效率和效果处于较高水平，由此，对网络平台服务质量给予高水平的评价。通过以上分析可见，内容提供商技术准备度在网络平台功能性对于内容提供商感知网络平台服务质量的影响中发挥了促进作用，因此，我们提出如下命题：

**命题 6：内容提供商技术准备度与网络平台功能性的交互对内容提供商感知网络平台服务质量具有正向作用。**

从另一个视角出发，可以得出与命题 6 相竞争的命题。具体地讲，高水平的技术准备度意味着个人认为技术使得他们在生活中具有更强的控制力、柔性和效率，并认为自己倾向于成为新技术的倡导者与新思想的引领者，同时不会经常受到技术的困扰，对技术能够妥善地帮助其完成任务充满信心（Parasuraman，2000）。这些信息是个人对技术所持的基本观点，可以帮助个人决定数据是否相关，引导个人解释和整合数据以及由此做出判断，同时还可以提高个人对于任务的驾驭能力（Kang et al.，2006）。在本章所立足的情境下，当内容提供商的技术准备度处于较高水平时，其记忆中会存储大量可用信息，这些信息有助于内容提供商主动地挖掘、消化、加工、整合网络平台各个功能模块所能传递的服务内容，在此基础上，内容提供商还会从主观上出发十分积极地驾驭这些功能模块，这些内部动机使得内容提供商认为是其自身特质，而非网络平台的功能性，使得他们感知到网络平台服务质量处于较高水平（Walczuch et al.，2007），也就是说，内容提供商的技术准备度对于网络平台呈现给他们的各种功能具有替代作用（Dabholkar and Bagozzi，2002），由此导致内容提供商较少地关注网络平台功能性在网络平台服务质量的提高中做出的贡献。所以，我们提出如下命题：

**命题 7（命题 6 的竞争性命题）：内容提供商技术准备度与网络平台功能性的交互对内容提供商感知网络平台服务质量具有负向作用。**

**3．中介作用**

由任务技术匹配理论的基本框架可知（见图 9-1）：任务特征、技术特征、个人特征以及它们之间的交互首先影响任务技术匹配，然后再去影响个人对于使用技术能够带来何种预期的判断，这些预期是由一系列态度信念构成（Goodhue and Thompson，1995；Goodhue，2006），在电子服务环境下可以被视为电子服务质量的不同维度，从某种意义上讲，它们可以作为电子服务质量的代表（Parasuraman et al.，2005）。所以，我们立足电子服务环境背景，以任务技术匹配理论为依据，可以推测：任务技术匹配在任务特征、技术特征、个人特征以及它们之间的交互与电子服务质量之间发挥中介作用。进一步讲，本章立足致力于 NSD 项目的网络平台——这一新近出现的电子服务情境，将任务特征、技术特征、个人特征、电子服务质量分别概念化为任务复杂性、技术功能性、内容提供商技术准备度、网络平台服务质量，基于此，我们可以在上述推论的基础上，进一步推演出如下命题：

**命题 8-1：任务技术匹配在网络平台功能性与内容提供商感知网络平台服务质量之间发挥中介作用。**

**命题 8-2：任务技术匹配在任务复杂性与内容提供商感知网络平台服务质量之间发挥中介作用。**

**命题 8-3：任务技术匹配在内容提供商技术准备度与内容提供商感知网络平台服务质量之间发挥中介作用。**

**命题 8-4：任务技术匹配在任务复杂性与网络平台功能性的交互对内容提供商感知网络平台服务质量的影响中发挥中介作用。**

**命题 8-5：任务技术匹配在内容提供商技术准备度与网络平台功能性的交互对内容提供商感知网络平台服务质量的影响中发挥中介作用。**

### 9.4.2　网络平台服务质量对 NSD 绩效作用机理的研究命题

网络平台是内容提供商进行 NSD 的支点，因此，平台企业设计了一系列支撑服务，通过网络平台传递给内容提供商，这些支撑服务表现为电子服务的形式。在现有文献中，电子服务通常被解释为“服务提供者和顾客通过整合和共享资源共同提出一整套数字化解决方案，并通过虚拟站点和虚拟渠道进行交互，从而不断增强服务生态系统适应性和持久性的价值共创过程”（李雷，2014），从这一定义出发，我们可以认为内容提供商在享受网络平台所提供的支撑服务时，实质上是在整合平台企业为其提供的资源，尤其是知识资源，网络平台服务质量越高，网络平台服务的效率和效果就越好，也就越有利于内容提供商整合外部的知识资源。

早在 20 世纪 90 年代，Griliches（1990）就曾指出，创造性是组织增加其知识存量或重新组合现有知识以达到新结合的结果，Kogut 和 Zander（1992）也曾强调，创新与组织的一组能力有关，这组能力是组织是否能够“产生知识的新组合”。NSD 领域的学者 Menor 和 Roth（2007）也明确指出，新服务的产生需要对“以自身知识和技能为核心的专业化能力”进行修正，知识和技能的特征及数量影响着 NSD 绩效。这些观点表明：创新是一种知识密集型活动，而知识是一种最重要的创新投入，当组织试图开发新产品或新服务时，获取和使用知识成为影响创新绩效的关键因素。

综合以上分析，我们认为高水平的网络平台服务质量为内容提供商整合外部知识资源提供了便利条件，有助于改善他们的 NSD 绩效。因此，可以提出如下命题：

**命题 9：网络平台服务质量对内容提供商 NSD 绩效具有正向作用。**

### 9.4.3　人机交互对 NSD 绩效作用机理的研究命题

#### 1. 直接作用

如本章构建的理论模型所示（见图 9-2），任务技术匹配作为人机交互的代表性因素与 NSD 绩效发生直接作用。事实上，Goodhue 和 Thompson（1995）在提出任务技术匹配理论的基本框架（见图 9-1）时，就明确指出任务技术匹配是个人操控技术后所得绩效的重要前因，两者之间具有显著的正向关系。网络平台就是一种新型技术，依据任务技术匹配理论的观点，当网络平台所具备的功能性能够很好地支撑内容提供商的 NSD 任务时，内容提供商所获得 NSD 绩效也将处于较高水平。因此，我们提出如下命题：

**命题 10：任务技术匹配对内容提供商 NSD 绩效具有正向作用。**

### 2. 中介作用

交易成本理论（Williamson，1991）为我们分析网络平台服务质量在任务技术匹配与 NSD 绩效之间发挥的中介作用提供了一个良好的视角。该理论将交易成本界定为：在一定的社会关系中，人们自愿交往、彼此合作、达成交易所支付的成本，可以将其归纳为搜寻成本、议价成本、决策成本、监督成本和违约成本。Jones 等（1997）、彭正银和韩炜（2011）指出：任务是交易的载体，一定的任务会对应一定的交易成本，如果任务能够得到外部因素的支撑而高效地完成，那么交易成本将有所下降。

内容提供商使用网络平台服务完成 NSD 任务的过程，就是内容提供商与平台企业发生交易的过程，在此过程中，网络平台是平台企业的代言人。当网络平台对于内容提供商完成的任务能够提供恰当的支持时，内容提供商无须耗费大量的时间和精力在网络平台上搜寻与任务相关的信息，降低了搜寻成本；由于网络平台为内容提供商提供了良好的引导，使得内容提供商能够高效地对各条路径的适用性进行判断，从而降低了决策成本；在此基础上，内容提供商对于网络平台服务的安全性、稳定性的信心也会增强，他们不会投入大量成本去监督交易的过程，平台企业的违约行为也会较少，所以，监督成本、违约成本也会降低。从这些分析可以看出，任务匹配水平的提高可以有效降低交易成本。

依据交易成本理论可知，交易成本的降低为内容提供商从网络平台中获取资源创造了便利条件，这些便利条件具体体现为高效的网络平台支撑服务，也就是高水平的网络服务质量，并由此对内容提供商 NSD 绩效发生作用。

综合以上分析可知，可以提出如下命题：

**命题 11: 网络平台服务质量在任务技术匹配对内容提供商 NSD 绩效的影响中发挥中介作用。**

## 9.5 研究结论

本章旨在立足内容提供商的视角，构建人机交互、网络平台服务质量与 NSD 绩效的理论模型，在此基础上提出相关研究命题，从机理层面打开“以开放式网络平台为依托的 NSD 模式”这一黑箱，在这一思路的指导下，本章主要得出如下研究结果：

第一，内容提供商视角下的人机交互是一个涉及四个因素的有序统一体，在任务技术匹配理论的框架下，可以将三个基本因素界定为网络平台功能性、任务复杂性、内容提供商技术准备度，将一个核心因素界定为任务技术匹配。

第二，四个组成因素对内容提供商感知网络平台服务质量均有直接作用，其中，任务复杂性发挥负向作用，其他三种因素均发挥正向作用；任务复杂性与网络平台功能性的交互对内容提供商感知网络平台服务质量起负向作用，即两者相互替代，内容提供商技术准备度与网络平台功能性的交互对内容提供商感知网络平台服务质量，既可能起负向作用，也可能起正向作用，即两者既可能相互替代，也可能相互补充；任务技术匹配在上述直接作用和交互作用中发挥着中介作用，总体上讲，本章构建的理论模型是一个被中介的交互效应模型。

第三，网络平台服务质量正向影响内容提供商 NSD 绩效。

第四，任务技术匹配作为人机交互的代表性因素正向影响内容提供商 NSD 绩效，网络平台服务质量在其中发挥中介作用。

综合本章所依据的理论基础、所做的理论分析以及由此得出的结论，可以从如下三个方面阐述本章的理论贡献：

第一，操作性定义方面。人机交互是源于 MIS 领域的概念，多数学者立足企业内部的工作环境探讨与之相关的问题，也有少数学者将这一概念引入非工作环境，如在线购物、在线旅游、网上银行等，就笔者所掌握的文献而言，尚未发现有学者立足致力于创新的网络平台，并基于内容提供商——这一新近出现的NSD开展者的视角对人机交互进行系统剖析。本章在任务技术匹配理论（见图9-1）的框架下，从基本因素和核心因素两个方面阐明了内容提供商视角下人机交互的组成结构，并依据任务技术匹配理论在网络服务环境下相关研究的观点，对人机交互的三个基本因素和一个核心因素进行界定，这些研究解答了内容提供商视角下人机交互“是什么”这一根本性问题，推动了人机交互这一重要概念向网络平台情境繁衍，为网络平台情境下人机交互相关研究的开展提供了铺垫。

电子服务质量是服务科学领域中一个十分重要的概念，学者们在探讨这一概念时实质上暗含了一个假设，即顾客感知的电子服务质量，也就是说电子服务质量的具体水平是基于顾客的视角得出的。本章在分析电子服务及电子服务质量基本定义的基础上，将电子服务质量这一概念向网络平台情境衍生，基于内容提供商的视角给出了电子服务质量的衍生性概念——网络平台服务质量，这一研究结论拓宽了电子服务质量的研究视域，将其上升到网络平台层面，为我们基于平台中的不同参与者探讨电子服务质量的相关问题提供了理论启示。

第二，研究对象和作用机理方面。现有的NSD文献指出，ICT的介入对于NSD流程的改善及NSD绩效的提升具有重要意义。就研究对象而言，这些结论大多是以百货商场、银行、医院等传统服务型企业为研究对象得出的，在内容提供商的视角下是否适用有待检验；就研究结论所阐述的内容而言，这些结论略显笼统，只从宏观层面表述了ICT对于NSD活动的重要意义，并没有基于一定的理论视角将这一表述概念化为理论模型，也没有系统地阐明其中涉及哪些变量以及这些变量之间的作用机理如何，由此导致这些结论对于现实的指导意义相对有限。本章将内容提供商视为研究对象，将ICT的介入具体化为内容提供商与网络平台之间的人机交互，并在任务技术匹配理论的框架下将其分解为三个基本因素和一个核心因素，在此基础上探讨了这些因素对于内容提供商感知网络平台服务质量及其NSD绩效的作用机理，从而基于内容提供商——这一新近出现的NSD开展者的视角，将现有文献所指出的“ICT的介入对于NSD流程的改善以及NSD绩效的提升具有重要意义”这一观点具体化，阐明了其中所涉及的变量，揭示了这些变量之间的关系，提升了这一观点的理论内涵与实际指导意义。

第三，理论基础方面。源于 MIS 领域的任务技术匹配理论起初用于解决企业内部工作环境下的相关问题，随着网络环境的逐步形成，已经有学者将其引入非工作环境，如在线购物、在线旅游、网上银行等，综观这些学者的研究不难发现，他们几乎都是在应用任务技术匹配理论修正和完善 TAM，未发现有学者以任务技术匹配理论为框架对基于网络平台的 NSD 模式展开研究。本章的研究推进了任务技术匹配理论向网络平台情境繁衍与深化，提升了该理论在网络平台情境下的解释力，为我们系统地探讨基于网络平台的 NSD 模式提供了良好的理论视角。

第 10 章

# 对策建议

## 10.1 平台企业

从一般性的角度讲，平台企业可以根据表 3-2 中的结论进行自我诊断，分析自身所处的发展阶段，权宜应变地利用平台企业的基本运营思路和核心运营策略不断向前发展。总体上讲，平台企业进行实际操作时需要把握两个基本原则：当平台企业无法充分利用网络效应时，应利用各种机制为用户提供“非网络效应诱因”，在吸引他们进入平台生态系统的同时不断激发网络效应；当平台企业能够充分利用网络效应时，应借机飞速扩张，但是闲暇之余必须拿出一些精力处理平台企业在成长中暴露出的问题，培育服务创新能力，不断优化成长方式。

针对网络平台众创而言，平台企业不仅要借助 ICT，搭建具备优质技术性能的网络平台，为各参与者提供“众创空间”，即扮演好“搭台者”的角色，还要构筑能力提供机制（涉及技术能力和运营能力）、互动机制（涉及线上社区和线下交流）、知识整合机制（涉及报纸杂志、专题报告、典型 NSD 项目分析、备忘录、新闻发布会等），为内容提供商与能力提供商、新服务体验者及其自身进行知识共享提供媒介，即扮演好“撮合者”的角色。除此之外，平台企业要深入识别内容提供商的特征，在其采纳网络平台运营机制的过程中对其进行引导，提升各种机制对于其获取知识的效力，即扮演好“引导者”的角色，具体地讲：平台企业可以依据 Parasuraman 和 Colby（2015）开发的量表，测量内容提供商的技术准备度，还可以通过管理信息系统了解内容提供商所关注的 NSD 任务，对于技术准备度水平较低或致力于简单 NSD 任务（如开发音乐、动漫、杂志、图集等）的内容提供商，可以通过线上渠道推送辅导信息，或者通过线下沙龙与其面对面沟通，帮助他们了解各种机制的功效，提升采纳意愿，同时，协助他们在使用过程中深入地剖析与挖掘各机制的功能。

## 10.2　内容提供商

内容提供商应进行自我剖析，发现自身短板，明确自己在开展 NSD 过程中究竟欠缺哪方面的知识，若缺乏与技术和运营相关的知识，可以通过能力提供知识获取；若缺乏与顾客评价、平台生态圈总体运营形势和未来发展趋势相关的知识，则应通过互动机制、知识整合机制获取。从另一个角度讲，内容提供商若处于发展初期，首先需要在新服务的数量上取得突破，解决生存问题，那么，它就应该着重关注知识整合机制以及能力提供机制中与技术能力相关的部分，充分获取外部的显性知识，提升 NSD 速度；若内容提供商已经突破了生存瓶颈，期望打造精品，则应重点关注互动机制以及能力提供机制中与运营能力相关的部分，充分获取外部的隐性知识，借此提升外部市场对于其新服务的评价。

更加深入地讲，万众之“智”是万众创新中潜藏的宝藏，但是内容提供商必须从知识源、知识类型和任务复杂性三个方面对其进行全面审视，才能从中谋得自身之“惠”。为此，我们绘制了万众之“智”与内容提供商自身之“惠”的关联矩阵（见表 10-1），该矩阵通过知识源（知识内容）和知识类型两个维度，对内容提供商在平台生态圈中能够获取的六种知识（万众之“智”）进行了界定，在此基础上，展示了每种知识对于内容提供商新服务数量或新服务评分（自身之“惠”）的作用强度，以及任务复杂性在其中发挥的作用。

**表 10-1　万众之“智”与自身之“惠”的关联矩阵**

| 知识源 / 知识类型 | 能力提供商（进行 NSD 需要的技术能力和运营能力） | | 新服务体验者（使用新服务后的体验） | 平台企业（平台生态圈的总体运营形势和未来发展趋势） | | |
|---|---|---|---|---|---|---|
| 显性知识 | 强 | 中 | 中 | 弱 | 弱 | |
| 隐性知识 | 中 | 强 | 弱 | 中 | | 弱 |

注：“强”“中”“弱”代表内容提供商知识获取对新服务数量（斜体字）或新服务评分的作用强度分别在 0.010、0.050、0.100 水平上显著，空格代表作用强度不显著；在阴影区域，内容提供商显性知识获取对新服务数量或新服务评分的促进作用被高复杂性任务所抑制。

以此关联矩阵为基础，我们给出了内容提供商以万众之“智”、谋自身之“惠”的解决方案，具体如下：

（1）由于知识获取、吸收、转化、应用都需要付出成本，因此，内容提供商面对万众之“智”时必须做到有的放矢，不能贪多求全。内容提供商要明确自身目标，确定自己究竟是期望谋求新服务数量还是新服务评分，这是精准利用万众之“智”的首要前提。若以谋求新服务数量为目标，内容提供商应首先考虑获取能力提供商显性知识，其次考虑获取新服务体验者显性知识和能力提供商隐性知识，最后再考虑获取平台企业显性知识和新服务体验者隐性知识。若以谋求新服务评分为目标，内容提供商应首先考虑获取能力提供商隐性知识，然后考虑获取新服务体验者隐性知识和能力提供商显性知识，最后考虑获取平台企业隐性知识和新服务体验者显性知识。

（2）在第一步的基础上，内容提供商应进一步对自身现有知识进行审视，从知识内容的角度把握自身究竟缺少什么知识，由此更加精准地确定知识获取范围。例如，内容提供商以提升新服务数量为目标，通过自我审视，发现自身缺少客户体验方面的知识，那么，根据表 5 中的关联矩阵，内容提供商应该优先考虑获取新服务体验者的显性知识，其次考虑获取新服务体验者的隐性知识，而获取其他类型的知识对于内容提供商目标的实现是没有作用的，反而会增加其知识管理成本。

（3）若内容提供商期望同时提升新服务数量和新服务评分，那么，内容提供商选择知识源的优先级依次是能力提供商、新服务体验者、平台企业；若期望提升新服务数量的程度偏高，则应获取显性知识，若提升新服务评分的程度偏高，则应获取隐性知识；若两者程度相当，则需要两类知识同时获取。在此背景下，内提供商也要进一步对自身现有知识进行审视，从知识内容的角度进一步聚焦知识获取范围。例如，内容提供商缺少与平台生态圈总体运营形势和未来发展趋势相关的知识，虽然此类知识的优先级最低，但是从匹配的角度来看它仍然是内容提供商获取知识的首选。

（4）如表 10-1 所示，面对高复杂性任务，内容提供商获取的显性知识“减效”，而他们获取的隐性知识则被“激活”，在此情况下，内容提供商仍然可以依据前三步给出思路，获取隐性知识，提升 NSD 绩效，此处不再赘述。

（5）任务复杂性所体现出的调节作用意味着：在处理复杂 NSD 任务时，内容提供商应关注隐性知识获取，为了处理简单 NSD 任务，显性知识获取和隐性知识获取的优先级相当，从这个角度讲，隐性知识获取的适用情境更广、对于内容提供商谋自身自“惠”也更加重要。因此，内容提供商应该充分借助开放平台中的各种机制，通过沟通、交流、共同制定目标、协同作业等手段，获取各知识源的隐性知识。此外，为了最大限度地减少显性知识“减效”这一负面现象的出现，内容提供商需要考虑如何降低 NSD 任务的复杂性，他们需要制定完善的策划方案、详细的任务说明书，清晰地阐述 NSD 任务的目标、实施路径以及它们之间的关联性。内容提供商也可以采用服务模块化的思想，把一些常用的研发组件进行打包，形成可以直接采用的标准化数字模块。此外，内容提供商还可以考虑采用服务外包的手段，将某一部分自身不擅长的任务模块直接外包给他人，自己仅仅面对模块间的接口，而不去面对模块中复杂的“黑箱”，这就降低了 NSD 任务的复杂性。

提出以上策略的目的在于帮助内容提供商有针对性地解决某方面或者某发展阶段的具体问题，做到有的放矢，但从长远来看，内容提供商应充分利用各种机制，借助它们与平台生态圈的不同参与者互动，全面、系统地整合各类外部知识，不断完善自己的知识体系，实现统筹兼顾。

## 10.3 能力提供商和新服务体验者

能力提供商和新服务体验者必须深刻领悟“渡人才能渡己，共治才能共赢”的管理哲学，具体地讲，能力提供商、新服务体验者加入网络平台，期望实现的最直接目标是获取高水平的能力销售业绩及高水平的新服务体验，这是一个关于“渡己”的问题。但是他们必须认识到，这些目标的实现源于他们与内容提供商通力合作，帮助内容提供商不断提升NSD绩效，在此过程中，才能实现技术能力、运营能力的有效供给，以及高水平新服务产品的不断涌现，从这个角度讲，能力提供商、新服务体验者若想“渡己”，首先要考虑如何“渡人”，只有做到与他人共享共治，才能实现多方共赢，这是能力提供商、新服务体验者加入平台生态圈后必须具备的理念。更加具体地讲，能力提供商要充分借助平台企业搭建的能力提供机制，将自己的技术能力封装成可供内容提供商直接使用的模块，还需充分了解内容提供商的偏好与需求，通过与内容提供商联合制定并合作完成共同目标的形式，帮助他们解决运营管理方面的问题。就新服务体验者而言，应借助平台企业构筑的线上或者线下渠道，向内容提供商传递自身对于新服务产品的体验，帮助内容提供商及时了解市场动态，提升新服务水平。

## 10.4 政府管理部门

政府管理部门虽然不是NSD模式的直接参与者，但是他们在其中也扮演着重要的角色。在网络平台搭建阶段，政府部门应大力推动“放管服”改革，开展全面创新试验，构建关于科技、人才的体制机制，同时还要加大财税支持，强化金融创新和服务政策，落实用地支持政策。此外，政府部门还应推动建设一批双创示范基地，加强创业教育培训，大力举办“双创活动周”，开展创新创业大赛，打造“双创”文化，加强国际合作，助力双创发展。在网络平台运营阶段，政府管理部门则要退居幕后，放弃平台主导权，不搞产业定位，将平台的运营交给平台自身以及市场机制来完成，为平台的每一位参与者创新激情的进发留足空间，将自身的关注点放在营造良好的创新氛围上。

# 参考文献

[1] 陈荣秋，马士华. 生产运作管理[M]. 北京：机械工业出版社，2013.

[2] 陈威如，余卓轩.平台战略[M]. 北京：中信出版社，2013.

[3] 陈钰芬. 开放式创新的机理与动态模式研究[D]. 杭州：浙江大学，2007.

[4] 程贵孙，陈宏民，孙武军.双边市场下电视传媒平台兼并的福利效应分析[J].管理科学学报，2009,12 (2): 9-18.

[5] 丁林. 基于任务技术匹配的网上银行使用意向影响因素研究[D].杭州：浙江大学，2008.

[6] 董铁牛，杨乃定，姜继娇. 消费者网上购物行为的实证研究[J].工业工程与管理，2007 (6): 77-82.

[7] 范钧，郭立强，聂津君. 网络能力、组织隐性知识获取与突破性创新绩效[J]. 科研管理，2014,35 (1): 16-24.

[8] 付群英，刘志迎.大众创新:内涵与运行模式[J]. 科学学与科学技术管理，2016, 37(2): 3-10.

[9] 高平，刘文雯，徐博艺.基于 TAM/TTF 整合模型的企业实施 ERP 研究[J].系统工程理论与实践，2004,24 (10): 74-79.

[10] 国务院. 2015a-7-4. 国务院关于积极推进“互联网+”行动的指导意见. http://www.gov.cn/zhengce/content/2015-07/04/content_10002.htm.

[11] 国务院. 2015b-9-26. 国务院关于加快构建大众创业万众创新支撑平台的指导意见. http://www.gov.cn/zhengce/content/2015-09/26/content_10183.htm.

[12] 华中生.网络环境下的平台服务模式及其管理问题[J].管理科学学报，2013, 16(12): 1-12.

[13] 纪汉霖.用户部分多归属条件下的双边市场定价策略[J].系统工程理论与实践，

2011,31 (1): 75-83.

[14] 李克强. 2014a-9-10. 李克强在 2014 夏季达沃斯论坛开幕式发表致辞. http://www.chinanews.com/gn/2014/09-10/6578895_2.shtml.

[15] 李克强. 2014b-11-21. 李克强:促进互联网共享共治,推动大众创业万众创新. http://www.cac.gov.cn/ 2014-11/21/c_1113342722.htm.

[16] 李克强. 2016-3-5. 2016 年政府工作报告. http://www.xinhuanet.com/fortune/2016-03/05/c_128775704. htm.

[17] 李雷.人机交互型服务接触、电子服务价值与电子服务价值的关系——基于网上银行的实证研究[D]. 广州: 华南理工大学, 2014.

[18] 李雷, 简兆权.国外电子服务质量研究述评与趋势展望[J].外国经济与管理, 2012,34 (10): 1-12.

[19] 李雷, 简兆权, 张鲁艳.服务主导逻辑产生原因、核心观点探析与未来研究展望[J]. 外国经济与管理, 2013,35 (4): 2-12.

[20] 李雷, 杨怀珍.新服务开发（NSD）分类:文献梳理与后续研究框架构建[J]. 软科学,2013, 27 (4): 128-131.

[21] 李雷, 杨怀珍, 谭阳波, 等. 任务技术匹配理论研究现状述评与趋势展望[J]. 外国经济与管理, 2016,38 (1): 29-41.

[22] 李雷, 赵先德, 简兆权.电子服务概念界定与特征识别——从商品主导逻辑到服务主导逻辑[J].外国经济与管理, 2012b,34 (4): 2-10.

[23] 李雷, 赵先德, 简兆权. 以开放式网络平台为依托的新服务开发模式——基于中国移动应用商场的案例研究[J].究与发展管理, 2015,27 (1): 69-83.

[24] 李雷, 赵先德, 简兆权. 网络环境下平台企业的运营策略研究[J].管理科学学报, 2016,19 (3): 15-33.

[25] 李雷, 赵先德, 杨怀珍.国外新服务开发研究现状述评与趋势展望[J]. 外国经济与管理, 2012a,34 (1): 36-45.

[26] 李平, 曹仰峰.案例研究方法:理论与范例——凯瑟琳 · 艾森哈特论文集[M].北

京：北京大学出版社,2012.

[27] 刘志迎，陈青祥，徐毅. 众创的概念模型及其理论解析[J].科学学与科学技术管理, 2015,36 (2): 52-61.

[28] 孟昌，翟慧员.网络产业组织中的双边市场研究:文献述评[J]. 北京工商大学学报(社会科学版), 2013,28 (1): 28-35.

[29] 穆胜.释放潜能:平台型组织的进化路线图[M]. 北京：人民邮电出版社,2018.

[30] 彭聃龄. 普通心理学[M]. 北京：北京师范大学出版社,2012.

[31] 彭正银，韩炜.任务复杂性研究前沿探析与未来展望[J]. 外国经济与管理, 2011,33 (9): 11-18.

[32] 芮明杰，李鑫，任红波.高技术企业知识创新模式研究——对野中郁次郎知识创造模型的修正与扩展[J]. 外国经济与管理, 2004,26 (5): 8-12.

[33] 盛亚，尹宝兴. 企业ERP实施中员工使用意向研究:TAM的修正与应用[J].科研管理, 2011,32 (10): 97-103.

[34] 苏芳，黄江明. 质性研究设计与写作的若干策略——“中国企业管理案例与质性研究论坛(2012)”会议综述[J]. 管理世界, 2013 (2): 136-140.

[35] 孙元.基于任务——技术匹配理论视角的整合性技术接受模型发展研究[D]. 杭州：浙江大学, 2010.

[36] 陶洪，徐福缘.任务技术匹配模型研究综述[J]. 研究与发展管理，2012,24 (4): 24-31.

[37] 王长林，陆振华，冯玉强，等.后采纳阶段移动政务的持续使用——基于任务－技术匹配理论的实证分析[J].情报杂志, 2011, 30 (10): 189-193.

[38] 夏征农，陈至立.辞海(第六版) [M]. 上海：上海辞书出版社,2010.

[39] 谢德荪. 源创新:转型期的中国企业创新之道[M]. 北京：五洲传播出版社,2012.

[40] 张浩.科技准备与电子服务质量关系实证研究[D]. 北京: 对外经济贸易大学, 2006.

[41] 张霞, 毛基业. 国内企业管理案例研究的进展回顾与改进步骤——中国企业管理案例与理论构建研究论坛(2011)综述[J]. 管理世界, 2012 (2): 105-111.

[42] 赵先德, 简兆权, 付文慧.基于平台的商业模式创新与服务设计[M].北京: 科学出版社,2016.

[43] 中欧案例中心. 平台链接:生态圈与大数据应用[M].上海: 复旦大学出版社,2017.

[44] 仲伟俊, 梅姝娥, 谢园园.产学研合作技术创新模式分析[J].中国软科学, 2009(8): 174-181.

[45] 周涛, 鲁耀斌, 张金隆. 整合 TTF 与 UTAUT 视角的移动银行用户采纳行为研究[J]. 管理科学, 2009, 22 (3): 75-82.

[46] Ajzen I. The theory of planned behavior[J].Organizational Behavior and Human Decision Processes, 1991,50 (2): 179-211.

[47] Aljukhadar M, Senecal S, Nantel J. Is more always better? Investigating the task-technology fit theory in an online user context[J]. Information & Management, 2014,51 (4): 391-397.

[48] Alrubaiee L. An investigation on the relationship between new service development, market orientation and marketing performance[J]. European Journal of Business and Management, 2013, 5 (5): 1-26.

[49] Armstrong M, Wright J. Two-sided markets, competitive bottlenecks and exclusive contracts[J]. Economics Theory, 2007,32 (2): 353-380.

[50] Axelrod. The Evolution of Cooperation[M]. New York: Basic Books,1984.

[51] Baccarini D. The concept of project complexity - a review[J]. International Journal of Project Management, 1996,14 (4): 201-204.

[52] Bansemir B. Organizational Innovation Communities[M]. Berlin: Springer, 2013.

[53] Baron R M, Kenny D A. The moderator-mediator variable distinction in social psychological research: conceptual, strategic, and statistical considerations[J]. Journal of Personality & Social Psychology, 1986,51 (6): 1173-1182.

[54] Berger J. Word of mouth and interpersonal communication: a review and directions for future research[J]. Journal of Consumer Psychology, 2014, 24 (4): 586-607.

[55] Bidault F, Despres C, Butler C. The drivers of cooperation between buyers and suppliers for product innovation[J]. Research Policy, 1998,26 (7-8): 719-732.

[56] Bonner S E. A model of the effects of audit task complexity. Accounting[J]. Organizations and Society, 1994, 19 (3): 213-234.

[57] Boudreau K. Open platform strategies and innovation: granting access VS devolving control[J]. Management Science, 2010,56 (10): 1849-1872.

[58] Brown T E, Miller C. Communication networks in task-performing groups: effects of task complexity, time pressure, and interpersonal dominance[J]. Small Group Research, 2000,31 (2): 131-157.

[59] Campbell D J. Task complexity: a review and analysis[J]. The Academy of Management Review, 1988,13 (1): 40-52.

[60] Cai Y, Zhao J, Chi M. Research on e-business value creation: an integration of e-business process view and task technology fit[J]. International Journal of Networking & Virtual Organisations, 2012,11 (3/4): 249-259.

[61] Chandler G N, Detienne D R, Mckelvie A, Mumford T V. Causation and effectuation processes: a validation study[J]. Journal of Business Venturing, 2011, 26 (3): 375-390.

[62] Chang H H. Intelligent agent’s technology characteristics applied to online auctions’ task: A combined model of TTF and TAM[J]. Technovation, 2008,28 (9): 564-577.

[63] Chen S C, Jong D, Lai M T. Assessing the relationship between technology readiness and continuance intention in an e-appointment system: relationship quality as a mediator[J]. Journal of Medical Systems, 2014,38 (9): 1-12.

[64] Chesbrough H W. The era of open innovation[J]. MIT Sloan Management Review, 2003a,44 (3): 35-41.

[65] Chesbrough H W. Open Innovation: The New Imperative for Creating and Profiting from Technology[M]. Cambridge: Harvard Business School Press,2003b.

[66] Clark K B. Project scope and project performance: the effect of parts strategy and supplier involvement on product development[J]. Management Science, 1989,35 (10): 1247-1263.

[67] Dabholkar P A, Bagozzi R P. An attitudinal model of technology-based self-service: moderating effects of consumer traits and situational factors[J]. Journal of the Academy of Marketing Science, 2002, 30 (3): 184-201.

[68] D'Ambra J, Wilson C S. Use of the World Wide Web for international travel: integrating the construct of uncertainty in information seeking and the task-technology fit (TTF) model[J]. Journal of the American Society for Information Science and Technology, 2004, 55 (8): 731-742.

[69] D'Ambra J, Wilson C S, Akter S. Application of the task-technology fit model to structure and evaluate the adoption of e-books by a cademics[J]. Journal of the American Society for Information Science and Technology, 2013,64 (1): 48-64.

[70] Das T K, Teng B S. Resource and risk management in the strategic alliance making process[J]. Journal of Management, 1998,24 (1): 21-42.

[71] D'Aspremont C, Jacquemin A. Cooperative and non cooperative R&D in duopoly with spillovers[J]. The American Economic Review, 1988,78 (5): 1133-1137.

[72] Davis F D, Bagozzi R P, Warshaw P R. User acceptance of computer technology: a comparison of two theoretical models[J]. Management Science, 1989, 35 (8): 982-1003.

[73] Day G. The capabilities of market-driven organization[J]. Journal of Marketing, 1994,58 (4): 37-52.

[74] De Bondt R. Spillovers and innovative activities[J]. International Journal of Industrial Organization, 1997, 15 (1): 1-28.

[75] De Luca L M, Atuahene-Gima K. Market knowledge dimensions and cross-functional collaboration: examining the different routes to product innovation performance[J]. Journal of Marketing, 2007,71 (1): 95-112.

[76] Dhanaraj C, Lyles M A, Steensma H K, Tihanyi L. Managing tacit and explicit knowledge transfer in IJVs: the role of relational embeddedness and the impact on performance[J]. Journal of International Business Studies, 2004,35 (5): 428-442.

[77] Dishaw M T, Strong D M. Extending the technology acceptance model with task-technology fit constructs[J]. Information & Management, 1999, 36 (1): 9-21.

[78] Eisenmann T, Parker G, Van Alstyne M W. Strategies for two-sided markets[J]. Harvard Business Review, 2006,84 (10): 92-101.

[79] Fichter K. Innovation communities: The role of networks of promotors in open innovation[J]. R&D Management, 2009,39 (4): 357-371.

[80] Fornell C, Larcker D F. Evaluating structural equation models with unobservable variables and measurement error[J]. Journal of Marketing Research, 1981,18 (1): 39-50.

[81] Foss N J, Lyngsie J, Zahra S A. The role of external knowledge sources and organizational design in the process of opportunity exploitation[J]. Strategic Management Journal, 2013,34 (12): 1453-1471.

[82] Franke N, Keinz P, Schreier M. Complementing mass customization toolkits with user communities: how peer input improves customer self-design[J]. Journal of Product Innovation Management, 2008,25 (6): 546-559.

[83] Franke N, Piller F. Value creation by toolkits for user innovation and design: The case of the watch market[J]. Journal of Product Innovation Management, 2004, 21(6): 401-415.

[84] Franke N, Shah S. How communities support innovative activities: an exploration of assistance and sharing among end-users[J]. Research Policy, 2003, 32 (1): 157-178.

[85] Furneaux D. Task-technology fit theory: A survey and synopsis of the literature [A]. Dwivedi Y K, et al (Eds). Information Systems Theory: Explaining and Predicting Our Digital Society [C]. New York: Springer, 2012: 87-106.

[86] Godes D, Ofek E, Sarvary M. Content VS advertising: the impact of competition on media firm strategy[J]. Marketing Science, 2009,28 (1): 20-35.

[87] Goduscheit R C, Jørgensen J H. User toolkits for innovation - a literature review[J]. International Journal of Technology Management, 2013,61 (3): 274-292.

[88] Goodhue D L. Understanding user evaluations of information systems[J]. Management Science, 1995,41 (12): 1827-1844.

[89] Goodhue D L. Task-technology fit: A critical (but often missing) construct in models of information systems and performance. Zhang P, Galletta D. Human-Computer Interaction and Management Information Systems: Foundations[M]. New York: M. E. Sharpe, Inc,2006.

[90] Goodhue D L, Thompson R L. Task-technology fit and individual performance[J]. MIS Quarterly, 1995,19 (2): 213-236.

[91] Graham K R. Beyond partnership: strategies for innovation and lean supply [J]. Journal of the Operational Research Society, 1994, 45 (2): 238-239.

[92] Grant R. The knowledge-based view of the firm: Implications for management practice[J]. Long Range Planning, 1997, 30 (3): 450-454.

[93] Griliches Z. Patent statistics as economic indicators: a survey[J]. Journal of Economic Literature, 1990,28 (4): 1661-1707.

[94] Grover V, Davenport T H. General perspectives on knowledge management: fostering a research agenda[J]. Journal of management information systems, 2001,18 (1): 5-21.

[95] Ham D H, Park J, Jung W. Model-based identification and use of task complexity factors of human integrated systems[J]. Reliability Engineering & System Safety, 2012,100 (April): 33-47.

[96] Han S, Northoff G. Culture-sensitive neural substrates of human cognition: a transcultural neuroimaging approach[J]. Nature Reviews Neuroscience, 2008,9 (8): 646-654.

[97] Harvey C M. Toward a model of distributed engineering collaboration[D]. Purdue University PhD Dissertation,1997.

[98] Hienerth C, Hippel E V, Berg Jensen M. User community vs. producer innovation development efficiency: a first empirical study[J]. Research Policy, 2014,43 (1): 190-201.

[99] Hippel E V. Lead users: a source of novel product concepts[J]. Management Science, 1986,32 (7): 791-805.

[100] Hippel E V. The Source of Innovation[M]. Oxford: Oxford University Press,1988.

[101] Hippel E V. Democratizing innovation[M]. Cambridge: MIT Press,2005.

[102] Hippel E V, Euchner J. Conversations: user innovation: an interview with Eric von Hippel[J]. Research-Technology Management, 2013,56 (3): 15-20.

[103] Hippel E V, Krogh G. Open source software and the “private-collective” innovation model: Issues for organization science[J]. Organization Science, 2003,14 (2): 209-223.

[104] Hippel E V, Ogawa S, Jong J P J. The age of the consumer-innovator[J]. MIT Sloan Management Review, 2011,53 (1): 26-35.

[105] Holsapple C W, Singh M. The Knowledge chain model: activities for competitiveness[J]. Expert Systems with Applications, 2003, 20 (1): 77-98.

[106] Howe J. Crowdsourcing: Why the Power of the Crowd is Driving the Future of Business[M]. New York: Crown Business,2008.

[107] Imai K，Nonaka I, Takeuchi H. Managing the new product development process：how Japanese companies learn and unlearn[A]. Hayes R H, Clark, Lorenz. The Uneasy Alliance：Managing the Productivity-Technology Dilemma[C]. Boston：Harvard Business School Press,1985.

[108] Inkpen A C. Learning through joint ventures: a framework of knowledge acquisition[J]. Journal of Management Studies, 2000,37 (7): 1019-1043.

[109] Jakob E, Frieder M, Guido R. Changes in the strategic management of technology: results of a global benchmarking study[J]. R&D Management, 2002, 32 (2): 149-164.

[110] Janjua N K, Hussain F K, Hussain O K. Semantic information and knowledge integration through argumentative reasoning to support intelligent decision making[J]. Information Systems Frontiers, 2013,15 (2): 167-192.

[111] Jeppesen L B. User toolkits for innovation: consumers support each other[J]. Journal of Product Innovation Management, 2005,22 (4): 347-362.

[112] Jones G K, Aldor L J R, Teegen H J. Determinants and performance impacts of external technology acquisition[J]. Journal of Business Venturing, 2001,16 (3): 255-283.

[113] Jones C, Hesterly W S, Borgatti S P. A general theory of network governance: Exchange conditions and social mechanisms[J]. Academy of management review, 1997, 22 (4): 911-945.

[114] Jordan J. Controlling knowledge flows in international alliances[J]. European Business Journal, 2004, 16 (2): 70-77.

[115] Jugend D, da Silva S L. Integration of R&D and new product development: case studies of Brazilian high-tech firms[J]. International Journal of Business Innovation and Research, 2014,8 (4): 422-439.

[116] Kang H, Hahn M, Fortin D R, Yong J H, Eom Y. Effects of perceived behavioral control on the consumer usage intention of e-coupons[J]. Psychology & Marketing, 2006, 23 (10): 841-864.

[117] Klopping I M, McKinney E. Extending the technology acceptance model and the task-technology fit model to consumer e-commerce[J]. Information Technology, Learning and Performance Journal, 2004,22 (1): 36-47.

[118] Kogut B, Zander U. Knowledge of the firm, combinative capabilities, and the replication of technology[J]. Organization Science, 1992, 3 (3): 383-397.

[119] Koka B R, Prescott J E. Strategic alliances as social capital: a multidimensional view[J]. Strategic Management Journal, 2002, 23 (9): 795-816.

[120] Kotabe M, Mudambi R. Institutions and international business[J]. Journal of International Management, 2003,9 (3): 215-217.

[121] Lamberts K, Shanks D. Knowledge Concepts and Categories[M]. Hove: Psychology Press, 2013.

[122] Latham G P, Seijts G H. The effects of proximal and distal goals on performance on a moderately complex task[J]. Journal of Organizational Behavior, 1999, 20 (4): 421-429.

[123] Li J J, Poppo L, Zhou K Z. Relational mechanisms, formal contracts, and local knowledge acquisition by international subsidiaries[J]. Strategic Management Journal, 2010,31 (4): 349-370.

[124] Lichtenthaler U. External commercialization of knowledge: review and research agenda[J]. International Journal of Management Reviews, 2005,7 (4): 231-255.

[125] Lichtenthaler U, Ernst H. Attitudes to externally organising knowledge management tasks: a review, reconsideration and extension of the nih syndrome[J]. R&D Management, 2006,36 (4): 367-386.

[126] Liker J K, Kamath R R, Wasti S N, Nagamachi M. Supplier involvement in automotive component design: are there really large us Japan differences[J]. Research Policy, 1996, 25 (1): 59-89.

[127] Liljander V, Gillberg F, Gummerus J, Riel A V. Technology readiness and the evaluation and adoption of self-service technologies[J]. Journal of Retailing & Consumer Services, 2006,13 (3): 177-191.

[128] Lin C H, Shih H Y, Sher P J. Integrating technology readiness into technology scceptance: the TRAM model[J]. Psychology & Marketing, 2007,24 (7): 641-657.

[129] Lin J S C, Hsieh P L. The role of technology readiness in customers' perception and adoption of self-service technologies[J]. International Journal of Service Industry Management, 2006,17 (5): 497-517.

[130] Liu P, Li Z. Task complexity: a review and conceptualization framework[J]. International Journal of Industrial Ergonomics, 2012, 42 (6): 553-568.

[131] Loiacono E T, Watson R T, Goodhue D L. WebQual™: a measure of web site quality[J]. Marketing Theory and Applications, 2002, 13 (3): 432-438.

[132] Marinova D. Actualizing innovation effort: the impact of market knowledge diffusion in a dynamic system of competition[J]. Journal of Marketing, 2004, 68 (3): 1-20.

[133] Martin X, Salomon R. Tacitness, learning, and international expansion: a study of foreign direct investment in a knowledge-intensive industry[J]. Organization Science, 2003, 14 (3): 297-311.

[134] Martínez-Torres M R. Analysis of open innovation communities from the perspective of social network analysis[J]. Technology Analysis & Strategic Management, 2014,26 (4): 435-451.

[135] Masterson S S, Lewis K, Goldman B M, Taylor M S. Integrating justice and social exchange: the differing effects of fair procedures and treatment on work relationships[J]. Academy of Management Journal, 2000, 43 (4): 738-748.

[136] McEvily B, Marcus A. Embedded ties and the acquisition of competitive capabilities[J]. Strategic Management Journal, 2005,26 (11): 1033-1055.

[137] Menor L J, Roth A V. New service development competence in retail banking: construct development and measurement validation [J]. Journal of Operations Management, 2007,25 (4): 825-846.

[138] Menor L J, Roth A V. New service development competence and performance: An empirical investigation in retail banking[J]. Production and Operations Management, 2008, 17 (3): 267-284.

[139] Mishra A A, Shah R. In union lies strength: collaborative competence in new product development and its performance effects[J]. Journal of Operations Management, 2009,27 (4): 324-338.

[140] Menor L J, Tatikonda M V, Sampson S E. New service development: areas for exploitation and exploration[J]. Journal of Operations Management, 2002, 20 (2): 135-157.

[141] Moon J W, Kim Y G. Extending the TAM for a World-Wide-Web context[J]. Information & Management, 2001,38 (4): 217-230.

[142] Nobeoka K, Dyer J H, Madhok A. The influence of customer scope on supplier learning and performance in the Japanese automobile industry[J]. General Information, 2002,33 (4): 717-736.

[143] O'Leary-Kelly S W, Vokurka R J. The empirical assessment of construct validity[J]. Journal of Operations Management, 1998,16 (4): 387-405.

[144] Ordanini A, Parasuraman A. Service innovation viewed through a service-dominant logic lens: a conceptual framework and empirical analysis[J]. Journal of Service Research, 2011, 14 (1): 3-23.

[145] Parasuraman A. Technology readiness index (Tri): a multiple-item scale to measure readiness to embrace new technologies[J]. Journal of Service Research, 2000,2 (4): 307-320.

[146] Parasuraman A, Colby C L. Techno-ready marketing: how and why your customers adopt technology[M]. New York: The Free Press,2001.

[147] Parasuraman A, Zeithaml V A, Malhotra A. E-S-Qual: a multiple-item scale for assessing electronic service quality[J]. Journal of Service Research, 2005,7(3): 213-233.

[148] Parkes A. The effect of task-individual-technology fit on user attitude and performance: an experimental investigation[J]. Decision Support Systems, 2013, 54 (2): 997-1009.

[149] Parmentier G, Mangematin V. Orchestrating innovation with user communities in the creative industries[J]. Technological Forecasting and Social Change, 2014, 83(2): 40-53.

[150] Paulini M, Maher M L, Murty P. Motivating participation in online innovation communities[J]. International Journal of Web Based Communities, 2014, 10 (1): 94-114.

[151] Podsakoff P M, MacKenzie S B, Lee J Y, Podsakoff N P. Common method biases in behavioral research: a critical review of the literature and recommended remedies[J]. Journal of Applied Psychology, 2003,88 (5): 879-903.

[152] Porter M E, Millar V E. How information gives you competitive advantage[J]. Harvard Business Review, 1985,63 (4): 149-160.

[153] Prahalad C K, Hamel G. The core competence of the corporation[J]. Harvard Business Review, 1990,68 (May-June): 79-91.

[154] Prügl R, Schreier M. Learning from leading-edge customers at the sims: opening up the innovation process using toolkits[J]. R&D Management, 2006,36 (3): 237-250.

[155] Raasch C, Hippel V E. Innovation process benefits: the journey as reward[J]. MIT Sloan Management Review, 2013, 55 (1): 33-39.

[156] Scherer A, Wünderlich N V, Wangenheim F V. The value of self-service: long-term effects of technology-based self-service usage on[J]. MIS Quarterly, 2015,39 (1): 177-200.

[157] Schraagen J M. Dealing with unforeseen complexity in the OR: The role of heedful interrelating in medical teams[J]. Theoretical Issues in Ergonomics Science, 2011,12 (3): 256-272.

[158] Scott W E. Activation theory and task design[J]. Organizational Behavior & Human Performance, 1966,1 (1): 3-30.

[159] Sheremata W A. Centrifugal and centripetal forces in radical new product development under time pressure[J]. Academy of Management Review, 2000, 25(2): 389-408.

[160] Shriver S K, Nair H S, Hofstetter R. Social ties and user-generated content: Evidence from an online social network[J]. Management Science, 2013,59 (6): 1425-1443.

[161] Siggelkow N. Persuasion with case studies[J]. Academy of Management Journal, 2007,50 (1): 20-24.

[162] Song X M, Parry M E. A cross-national comparative study of new product development processes: Japan and the United States[J]. Journal of Marketing, 1997,61 (2): 1-18.

[163] Speier C, Vessey I, Valacich J S. The effects of interruptions, task complexity, and information presentation on computer-supported decision-making performance[J]. Decision Sciences, 2003,34 (4): 771-797.

[164] Srivastava R K, Fahey L, Christensen H K. The resource-based view and marketing: the role of market-based assets in gaining competitive advantage[J]. Journal of Management, 2001,27 (6): 777-802.

[165] Steensma H K, Barden J Q, Dhanaraj C, Lyles M, Tihanyi L. The evolution and internalization of international joint ventures in a transitioning economy[J]. Journal of International Business Studies, 2008, 39 (3): 491-507.

[166] Stieger S, Hergovich A. Together we are strong: explicit and implicit paranormal beliefs predict performance in a knowledge test of paranormal phenomena better than explicit beliefs alone[J]. Personality and Individual Differences, 2013, 54 (5): 562-565.

[167] Suddaby R. From the editors: what grounded theory is not[J]. Academy of Management Journal, 2006,49 (4): 633-642.

[168] Sunbo J. Management of innovation in services[J]. The Service Industries Journal, 1997,17 (3): 432-455.

[169] Taherdoost H, Sahibuddin S, Jalaliyoon N. Features' evaluation of goods, services and e-services; electronic service characteristics exploration[J]. Procedia Technology, 2014(12): 204-211.

[170] Tsang E W K. Acquiring knowledge by foreign partners from international joint ventures in a transition economy: learning-by-doing and learning myopia[J]. Strategic Management Journal, 2002,23 (9): 835-854.

[171] Tucker C, Zhang J J. Growing two-sided networks by advising the user base: a field experiment[J]. Marketing Science, 2010,29 (5): 805-814.

[172] Tzabbar D, Aharonson B S, Amburgey T L. When does tapping external sources of knowledge result in knowledge integration[J]. Research Policy, 2013,42 (2): 481-494.

[173] Un C A, Cuervocazurra A, Asakawa K. R&D collaborations and product innovation[J]. Journal of Product Innovation Management, 2010,27 (5): 673-689.

[174] Urban G L, Hippel E V. Lead user analyses for the development of new industrial products[J]. Management Science, 1988,34 (5): 569-582.

[175] Vargo S L, Lusch R F. Evolving to a new dominant logic for marketing[J]. Journal of Marketing, 2004,68 (1): 1-17.

[176] Vargo S L, Lusch R F. Service-dominant logic：what it is，what is not，what it might be[A]Lusch R F, Vargo S L. The Service-dominant Logic of Marketing：Dialog，Debate and Directions[C]. New York: ME Sharpe, 2006.

[177] Vargo S L, Lusch R F. Service dominant logic: continuing the evolution[J]. Journal of the Academy of Marketing Science, 2008, 36 (1): 1-10.

[178] Vargo S L, Lusch R F. Institutions and axioms: an extension and update of service-dominant logic[J]. Journal of the Academy of Marketing Science, 2016, 44 (1): 5-23.

[179] Walczuch R, Lemmink J, Streukens S. The effect of service employees' technology readiness on technology acceptance[J]. Information & Management, 2007,44 (2): 206-215.

[180] Wang Y, Li D. Testing the moderating effects of toolkits and user communities in personalization: the case of social networking service[J]. Decision Support Systems, 2013,55 (1): 31-42.

[181] Wasko M M L, Faraj S. Why should I share? Examining social capital and knowledge contribution in electronic networks of practice[J]. MIS quarterly, 2005,29 (1): 35-57.

[182] Williamson O E. Comparative economic organization: the analysis of discrete structural alternatives[J]. Administrative Science Quarterly, 1991,36 (2): 269-296.

[183] Wood R E. Task complexity: definition of the construct[J]. Organizational Behavior and Human Decision Processes, 1986,37 (1): 60-82.

[184] Wu F S, Haak R. Innovation mechanisms and knowledge communities for corporate central R&D[J]. Creativity and Innovation Management, 2013, 22 (1): 37-52.

[185] Wu S C, Fang W C. The effect of consumer-to-consumer interactions on idea generation in virtual brand community relationships[J]. Technovation, 2010, 30(11): 570-581.

[186] Yakubovich V. Weak ties, information, and influence: how workers find jobs in a local Russian labor market[J]. American Sociological Review, 2005,70(3): 408-421.

[187] Yin R K. Application of case study research (2nd edition) [M]. Thousand Oaks: Sage Publications,2003.

[188] Yong S H, Kim B, Lee H, Kim Y G. The effects of individual motivations and social capital on employees' tacit and explicit knowledge sharing intentions[J]. International Journal of Information Management, 2013,33 (2): 356-366.

[189] Zahra S A, Nielsen A P. Sources of capabilities, integration and technology commercialization[J]. Strategic Management Journal, 2002,23 (5): 377-398.

[190] Zeithaml V A, Parasuraman A, Malhotra A. Service quality delivery through web sites: a critical review of extant knowledge[J]. Journal of the Academy of Marketing Science, 2002,30 (4): 362-375.

[191] Zhang P, Galletta D. Human-computer interaction and management information systems foundations[M]. New York: M. E. Sharpe, Inc, 2006.

[192] Zhang P, Li N. The intellectual development of human-computer interaction research in MIS: a critical assessment of the MIS literature (1990-2002) [J]. Journal of the Association for Information Systems, 2005,6 (11): 227-292.

[193] Zhou K Z, Yim C K, Tse D K. The effects of strategic orientations on technology- and market-based breakthrough innovations[J]. Journal of Marketing, 2005,69 (2): 42-60.

[194] Zhu Z, Nakata C, Sivakumar K, Grewal D. Self-service technology effectiveness: the role of design features and individual traits[J]. Journal of the Academy of Marketing Science, 2007,35 (4): 492-506.

# 附录：正式问卷

尊敬的先生/女士：

您好！

这是一份学术研究问卷，旨在了解开放平台中（例如，腾讯开放平台、百度开放平台、微信开放平台等）的开发者行为，恳请您在百忙之中协助我们完成问卷，对于您填写的信息我们会严格保密。感谢您的支持，祝您万事如意。

**请仔细回忆，2016 年您所使用的、令您印象最深刻的 1 个开放平台，据此回答下列问题：**

1. 您使用的这个开放平台是：________________________

2. 您使用这个开放平台的年限：□ 1 年及以下；□ 1～3 年；□ 3～5 年；□ 5 年以上

3. 您使用这个开放平台的频率：□ 很少；□ 比较少；□ 经常；□ 频繁；□ 非常频繁

4. 您使用这个开放平台开发应用时，承担的主要角色是：□ 开发人员；□ 设计师；□ 项目经理/产品经理/策划；□ 测试

5. 2016 年，您使用这个开放平台开发并商业化了______个应用

6. 2016 年，您在这个开放平台上获得的收入：□ 5 万元及以下；□ 5 万～10 万元；□ 10 万～15 万元；□ 15 万～20 万元；□ 20 万元以上

7. 下列题项描述了您在这个开放平台中所开发应用的复杂性，请根据实际情况进行选择：

| 题项编号 | 题项内容 | 非常不同意 | 不同意 | 有些不同意 | 不确定 | 有些同意 | 同意 | 非常同意 |
|---|---|---|---|---|---|---|---|---|
| 1 | 开发应用时，我需要考虑多种因素。 | 1 | 2 | 3 | 4 | 5 | 6 | 7 |
| 2 | 存在多条潜在的路径可以使我完成应用的开发。 | 1 | 2 | 3 | 4 | 5 | 6 | 7 |
| 3 | 开发应用时，我会有多个期望实现的结果。 | 1 | 2 | 3 | 4 | 5 | 6 | 7 |
| 4 | 实现一种期望的结果和实现另一种期望的结果存在冲突。 | 1 | 2 | 3 | 4 | 5 | 6 | 7 |
| 5 | 开发应用遵循的路径和期望实现的结果无法确定相关联。 | 1 | 2 | 3 | 4 | 5 | 6 | 7 |

8. 下列题项描述了这个开放平台对您开发应用提供的支持，请根据实际情况进行选择：

| 题项编号 | 题项内容 | 非常不同意 | 不同意 | 有些不同意 | 不确定 | 有些同意 | 同意 | 非常同意 |
|---|---|---|---|---|---|---|---|---|
| 1 | 开放平台中的工具界面友好，我不需要接受额外的培训就能操作它们。 | 1 | 2 | 3 | 4 | 5 | 6 | 7 |
| 2 | 开放平台中的工具包含标准化的模块。 | 1 | 2 | 3 | 4 | 5 | 6 | 7 |
| 3 | 开放平台中的工具可以帮助我解决应用在风格、外观、内容等方面涉及的技术问题。 | 1 | 2 | 3 | 4 | 5 | 6 | 7 |
| 4 | 开放平台中的工具可以帮助我解决应用在引入平台、投放市场以及营销推广时遇到的运营问题。 | 1 | 2 | 3 | 4 | 5 | 6 | 7 |
| 5 | 开放平台中的工具为我提供了一个问题解决的空间。 | 1 | 2 | 3 | 4 | 5 | 6 | 7 |
| 6 | 开放平台中的工具可以使我通过试错不断地学习。 | 1 | 2 | 3 | 4 | 5 | 6 | 7 |
| 7 | 开放平台建立的线上交流社区和线下沙龙，可以帮助我了解用户对于应用的体验。 | 1 | 2 | 3 | 4 | 5 | 6 | 7 |
| 8 | 当我遇到问题时，我确切地知道应该通过线上交流社区或线下沙龙向哪些用户征求意见。 | 1 | 2 | 3 | 4 | 5 | 6 | 7 |
| 9 | 在线上交流社区或线下沙龙中，我能够从用户那里获得有价值的观点。 | 1 | 2 | 3 | 4 | 5 | 6 | 7 |
| 10 | 在线上交流社区或线下沙龙中，我认识那些有能力对我开发的应用做出真实评价，并给出有效建议的用户。 | 1 | 2 | 3 | 4 | 5 | 6 | 7 |

续表

| 题项编号 | 题项内容 | 非常不同意 | 不同意 | 有些不同意 | 不确定 | 有些同意 | 同意 | 非常同意 |
|---|---|---|---|---|---|---|---|---|
| 11 | 在线上交流社区或线下沙龙中，用户经常与我谈论一些热门的应用。 | 1 | 2 | 3 | 4 | 5 | 6 | 7 |
| 12 | 开放平台会定期出版报纸或杂志。 | 1 | 2 | 3 | 4 | 5 | 6 | 7 |
| 13 | 开放平台会定期发布正式的报告或备忘录。 | 1 | 2 | 3 | 4 | 5 | 6 | 7 |
| 14 | 开放平台会定期举办信息共享活动。 | 1 | 2 | 3 | 4 | 5 | 6 | 7 |
| 15 | 开放平台会定期对失败的应用进行正式分析。 | 1 | 2 | 3 | 4 | 5 | 6 | 7 |
| 16 | 开放平台会定期对成功的应用进行正式分析。 | 1 | 2 | 3 | 4 | 5 | 6 | 7 |

9. 下列题项描述了您在这个开放平台中能够获得的知识，请根据实际情况进行选择：

| 题项编号 | 题项内容 | 非常不同意 | 不同意 | 有些不同意 | 不确定 | 有些同意 | 同意 | 非常同意 |
|---|---|---|---|---|---|---|---|---|
| 1 | 在开放平台中，我能够独立获得关于应用设计的文档。 | 1 | 2 | 3 | 4 | 5 | 6 | 7 |
| 2 | 在开放平台中，我能够独立获得关于应用编程的文档。 | 1 | 2 | 3 | 4 | 5 | 6 | 7 |
| 3 | 在开放平台中，我能够独立获得关于应用开发流程的文档。 | 1 | 2 | 3 | 4 | 5 | 6 | 7 |
| 4 | 在开放平台中，我能够独立获得关于项目管理技巧的文档。 | 1 | 2 | 3 | 4 | 5 | 6 | 7 |
| 5 | 在开放平台中，通过沟通和交流我能够获得关于应用设计的经验分享。 | 1 | 2 | 3 | 4 | 5 | 6 | 7 |
| 6 | 在开放平台中，通过沟通和交流我能够获得关于应用编程的经验分享。 | 1 | 2 | 3 | 4 | 5 | 6 | 7 |
| 7 | 在开放平台中，通过沟通和交流我能够获得关于应用开发流程的经验分享。 | 1 | 2 | 3 | 4 | 5 | 6 | 7 |
| 8 | 在开放平台中，通过沟通和交流我能够获得关于项目管理技巧的经验分享。 | 1 | 2 | 3 | 4 | 5 | 6 | 7 |
| 9 | 在开放平台中，我能够独立获得关于用户体验的文档。 | 1 | 2 | 3 | 4 | 5 | 6 | 7 |
| 10 | 在开放平台中，我能够独立获得关于用户偏好的文档。 | 1 | 2 | 3 | 4 | 5 | 6 | 7 |
| 11 | 在开放平台中，我能够独立获得关于用户建议措施的文档。 | 1 | 2 | 3 | 4 | 5 | 6 | 7 |

续表

| 题项编号 | 题项内容 | 非常不同意 | 不同意 | 有些不同意 | 不确定 | 有些同意 | 同意 | 非常同意 |
|---|---|---|---|---|---|---|---|---|
| 12 | 在开放平台中，通过沟通和交流我能够获得关于用户体验的经验分享。 | 1 | 2 | 3 | 4 | 5 | 6 | 7 |
| 13 | 在开放平台中，通过沟通和交流我能够获得关于用户偏好的经验分享。 | 1 | 2 | 3 | 4 | 5 | 6 | 7 |
| 14 | 在开放平台中，通过沟通和交流我能够获得关于用户建议措施的经验分享。 | 1 | 2 | 3 | 4 | 5 | 6 | 7 |
| 15 | 在开放平台中，我能够独立获得关于典型应用分析的文档。 | 1 | 2 | 3 | 4 | 5 | 6 | 7 |
| 16 | 在开放平台中，我能够独立获得关于平台阶段性运营形势的文档。 | 1 | 2 | 3 | 4 | 5 | 6 | 7 |
| 17 | 在开放平台中，我能够独立获得关于平台未来发展趋势的文档。 | 1 | 2 | 3 | 4 | 5 | 6 | 7 |
| 18 | 在开放平台中，我能够独立获得关于平台文化的文档。 | 1 | 2 | 3 | 4 | 5 | 6 | 7 |
| 19 | 在开放平台中，通过沟通和交流我能够获得关于典型应用分析的经验分享。 | 1 | 2 | 3 | 4 | 5 | 6 | 7 |
| 20 | 在开放平台中，通过沟通和交流我能够获得关于平台阶段性运营形势的经验分享。 | 1 | 2 | 3 | 4 | 5 | 6 | 7 |
| 21 | 在开放平台中，通过沟通和交流我能够获得关于平台未来发展趋势的经验分享。 | 1 | 2 | 3 | 4 | 5 | 6 | 7 |
| 22 | 在开放平台中，通过沟通和交流我能够获得关于平台文化的经验分享。 | 1 | 2 | 3 | 4 | 5 | 6 | 7 |

10. 下列题项描述了您在这个开放平台中所开发应用的水平，请根据实际情况进行选择：

| 题项编号 | 题项内容 | 非常不同意 | 不同意 | 有些不同意 | 不确定 | 有些同意 | 同意 | 非常同意 |
|---|---|---|---|---|---|---|---|---|
| 1 | 我开发的应用在圈子里享有声望。 | 1 | 2 | 3 | 4 | 5 | 6 | 7 |
| 2 | 在利用新技术开发应用方面，我起到了引领作用。 | 1 | 2 | 3 | 4 | 5 | 6 | 7 |
| 3 | 我一直在考虑开发新的应用来满足未来市场的需求。 | 1 | 2 | 3 | 4 | 5 | 6 | 7 |
| 4 | 我开发的应用得到了用户的认可。 | 1 | 2 | 3 | 4 | 5 | 6 | 7 |

11. 您的性别：□ 男；□ 女

12. 您的年龄：□ 20岁及以下；□ 20～25岁；□ 25～30岁；□ 30～35岁；□ 35～40岁；□ 40岁以上

13. 您的受教育程度：□ 高中及以下；□ 大专；□ 本科；□ 硕士；□ 博士及以上

14. 您对新技术的看法：

| 题项编号 | 题项内容 | 非常不同意 | 不同意 | 有些不同意 | 不确定 | 有些同意 | 同意 | 非常同意 |
|---|---|---|---|---|---|---|---|---|
| 1 | 新技术有助于提高生活质量。 | 1 | 2 | 3 | 4 | 5 | 6 | 7 |
| 2 | 技术给我更多的移动自由。 | 1 | 2 | 3 | 4 | 5 | 6 | 7 |
| 3 | 技术使人们更加自如地掌控他们的日常生活。 | 1 | 2 | 3 | 4 | 5 | 6 | 7 |
| 4 | 技术使我的个人生活更加富有成效。 | 1 | 2 | 3 | 4 | 5 | 6 | 7 |
| 5 | 别人会就新技术向我征求意见。 | 1 | 2 | 3 | 4 | 5 | 6 | 7 |
| 6 | 当新技术出现时，我通常属于朋友圈中第一批使用这项新技术的人。 | 1 | 2 | 3 | 4 | 5 | 6 | 7 |
| 7 | 在没有他人帮助的情况下，我通常能够自己弄明白新型的高科技产品或服务。 | 1 | 2 | 3 | 4 | 5 | 6 | 7 |
| 8 | 我能够赶得上自己兴趣领域内的新技术发展潮流。 | 1 | 2 | 3 | 4 | 5 | 6 | 7 |
| 9 | 当我从一家高科技产品或服务提供商那里获得技术支持时，有时我会觉得自己被那些更加了解技术的人所利用。 | 1 | 2 | 3 | 4 | 5 | 6 | 7 |
| 10 | 服务热线对我的帮助不大，因为服务人员并未用我可以理解的术语对问题做出解释。 | 1 | 2 | 3 | 4 | 5 | 6 | 7 |
| 11 | 有时我会觉得信息系统不是为普通人而设计的。 | 1 | 2 | 3 | 4 | 5 | 6 | 7 |
| 12 | 根本就不存在用通俗语言编写的关于高科技产品或服务的操作指南。 | 1 | 2 | 3 | 4 | 5 | 6 | 7 |
| 13 | 人们过于依赖技术为自己做事情。 | 1 | 2 | 3 | 4 | 5 | 6 | 7 |
| 14 | 有很多技术会分散人们的注意力，并且到了有害的程度。 | 1 | 2 | 3 | 4 | 5 | 6 | 7 |
| 15 | 技术减少了人们面对面的交流，从而影响了他们的私人关系。 | 1 | 2 | 3 | 4 | 5 | 6 | 7 |
| 16 | 仅仅以在线的方式与他人做生意，我感到不放心。 | 1 | 2 | 3 | 4 | 5 | 6 | 7 |

# 反侵权盗版声明